# Droit civil
# Les personnes et les incapacités

Laye DIAKITÉ

# Droit civil
# Les personnes et les incapacités

Préface d'Alsény CAMARA

L'Harmattan
Guinée

**Du même auteur chez l'Harmattan**

Concubinage en droit guinéen de la famille, 2023

**L'Harmattan, 2025**
**5-7, rue de l'École-Polytechnique, 75005 Paris**
http://www.editions-harmattan.fr
ISBN : 978-2-336-50941-9
EAN : 9782336509419

*À ma grand-mère*
*Hadja Kany DIALLO*

# Sommaire

# AVANT-PROPOS

Ce manuel, intitulé ‘‘*Droit civil – les personnes et les incapacités*’’, est conçu spécialement pour accompagner les étudiants de la licence dans leur découverte du droit privé. Il s’inscrit dans la volonté de rendre accessible l’étude d’une matière fondamentale du droit civil, qui constitue le socle de nombreuses autres disciplines juridiques : le droit des personnes.

Le droit des personnes, au cœur de cette étude, constitue une branche essentielle du droit civil, car il définit les droits et les obligations des individus en tant que sujets de droit. En effet, cette partie du programme porte sur les principes de la personnalité juridique, sur la capacité juridique des personnes physiques et morales, ainsi que sur les différentes formes de protection juridique que le législateur met en place pour les personnes dont les capacités sont limitées. Ces notions constituent la pierre angulaire de nombreux autres domaines du droit, et une maîtrise solide de ces concepts est indispensable à tout étudiant en droit.

Ce manuel a été pensé pour répondre aux attentes des étudiants débutants. Nous avons mis l’accent sur la pédagogie en proposant des explications détaillées, mais accessibles, ainsi que des exemples pratiques illustrant les théories juridiques. Il a été rédigé pour permettre aux étudiants de mieux appréhender des concepts souvent perçus comme complexes, tout en les préparant aux exigences académiques de la discipline.

Le droit est une discipline vivante, et cet ouvrage aspire à vous en transmettre les bases tout en vous encourageant à développer un regard critique et réfléchi. Il ne s'agit pas seulement de mémoriser des règles, mais de comprendre leur raison d'être, leur application et leur évolution dans la société contemporaine.

Nous espérons que cet ouvrage vous guidera efficacement dans votre apprentissage et qu'il vous permettra de saisir toute la richesse et la complexité du droit des personnes et des incapacités. En vous familiarisant avec le droit des personnes et des incapacités, vous entrez dans l'univers des relations humaines régies par le droit, où chaque individu est reconnu et protégé.

Les études du droit sont exigeantes, mais passionnantes. Bonne lecture et bon apprentissage à vous.

**L'auteur**

# PRÉFACE

C'est avec un grand honneur et un réel plaisir que j'ai accepté de rédiger la préface de cet ouvrage, fruit du travail acharné et rigoureux de Monsieur Laye DIAKITÉ. Cet ouvrage, consacré au *Droit civil – les personnes et les incapacités*, s'inscrit dans une longue tradition juridique, tout en apportant une perspective nouvelle et éclairante sur plusieurs aspects fondamentaux de la matière.

Il est rare de rencontrer un ouvrage de droit guinéen qui parvienne à conjuguer autant de rigueur académique et d'accessibilité pratique. C'est précisément ce que Monsieur Laye DIAKITÉ réalise avec ce texte consacré au droit civil, un domaine central et fascinant du droit.

Le droit des personnes, qui régit les aspects juridiques de la personnalité humaine, est fondamental non seulement en tant qu'élément constitutif des droits et devoirs individuels, mais aussi en tant que reflet des valeurs sociétales. Cet ouvrage se distingue par sa capacité à analyser en profondeur les notions essentielles du droit des personnes, telles que la personnalité juridique, la capacité, et le statut des personnes morales, tout en les reliant aux évolutions contemporaines du droit.

L'auteur nous offre une étude exhaustive qui combine une analyse théorique rigoureuse avec des perspectives pratiques. L'auteur ne se contente pas de décrypter les concepts traditionnels comme la capacité juridique, la protection des mineurs, ou encore le statut des personnes physiques et morales, mais il explore également les implications des récentes réformes législatives et des évolutions jurisprudentielles dans ce domaine.

Ce livre se veut à la fois un guide pratique pour les étudiants en droit et un outil précieux pour les professionnels du droit. En abordant les questions relatives à la capacité juridique et aux statuts des personnes avec une clarté remarquable, il fournit des clés de compréhension essentielles pour appréhender les défis juridiques actuels. Les exemples pratiques, tirés de la jurisprudence et des situations réelles, ajoutent une dimension concrète à la théorie, facilitant ainsi l'application des principes en pratique.

Cet ouvrage n'est pas seulement une synthèse des savoirs actuels en matière de droit civil, mais aussi un véritable instrument de travail pour les étudiants ainsi que les praticiens désireux de se maintenir à jour des évolutions de la matière. Les qualités pédagogiques et analytiques de l'auteur se manifestent dans chaque chapitre, rendant la lecture à la fois agréable et stimulante.

L'ouvrage est également un témoignage de l'engagement de l'auteur à éclairer les débats actuels sur le droit des personnes, notamment en ce qui concerne les évolutions liées à la reconnaissance des nouvelles formes de personnes juridiques et les questions de responsabilité qui en découlent. L'attention portée aux questions de la protection des droits des personnes vulnérables et des personnes morales dans le contexte globalisé ajoute une valeur indéniable à ce travail.

En conclusion, je souhaite exprimer toute ma gratitude à Monsieur Laye DIAKITÉ pour avoir partagé son expertise et sa passion pour le droit civil à travers cet ouvrage. Je suis convaincu que ce livre sera une référence indispensable pour tous ceux qui cherchent à approfondir leur compréhension de cette branche essentielle du droit civil.

**Alsény CAMARA**
Enseignant chercheur
Chef de département droit privé à l'Université Général
Lansana Conté de Sonfonia-Conakry

## SIGLES ET ABRÉVIATIONS

**AN :** Assemblée nationale
**Al :** Alinéa
**Art :** Article
**C. civ:** Code civil
**CA :** Cour d'appel
**CE :** Code de l'enfant
**CT :** Charte de la transition
**CPCEA :** Code de procédure civile, économique et administrative
**Ex :** Exemple
**GNF :** Francs guinéens
**Infra :** Voir ci-dessous
**SPIC :** Service public à caractère industriel et commercial
**Supra :** Voir ci-dessus
**V :** Voir

# Introduction

Le Droit civil est une branche du droit qui régit les relations entre les individus et les entités privées, comme les contrats, les biens, la responsabilité civile et les relations familiales. Son objet principal est de réguler les droits et les devoirs des personnes physiques et morales dans leurs interactions privées.

L'importance du Droit civil réside dans le fait qu'il fournit un cadre juridique essentiel pour garantir la stabilité et la protection des intérêts individuels et des biens. Il établit des règles qui permettent aux individus de conclure des contrats en toute confiance, de protéger leurs biens, de régler des différends et de garantir l'application des conventions. Le Droit civil est également fondamental pour le droit de la famille, en régulant le mariage, le divorce, la garde des enfants et d'autres aspects liés aux relations familiales. En somme, le Droit civil est donc considéré comme le « droit privé commun ».

Il recouvre donc un domaine très vaste qui s'ordonne autour de cinq (5) grands axes qui constituent les différents livres du Code civil à savoir :

Livre 1 : des personnes ;

Livre 2 : des régimes matrimoniaux, des successions et des libéralités ;

Livre 3 : des biens ;

Livre 4 : des obligations ;

Livre 5 : des principaux contrats et actes usuels.

Le Droit civil saisit l'individu, s'occupe de la vie de l'homme, dès sa naissance (même, dans certains cas, avant celle-ci), et ce, jusqu'à sa mort. Ainsi, il oblige à donner, à la naissance, un nom à la personne, précise les règles relatives à la filiation, c'est-à-dire le lien qui unit l'enfant à ses parents.

Le Droit civil détermine également le lieu où l'individu se trouve localisé, le lieu où il vit, lequel est appelé le domicile.

Le Droit civil pose ensuite les règles relatives à l'état civil, à la capacité des personnes, aux droits que les personnes peuvent exercer et corrélativement aux obligations qui les incombent.

Il prête attention aux rapports familiaux, notamment le mariage en tant qu'union de deux personnes, ainsi que les régimes matrimoniaux (le sort des biens possédés par les conjoints) ; il organise le divorce qui est la désunion des mariés, ainsi que la succession (l'héritage).

Tous ces différents aspects de la vie en société sont régis par une série de lois votées par l'Assemblée nationale de la République, lesquelles sont relatives au nom, à l'état civil, à la minorité, au mariage, au divorce et à la séparation de corps, à la paternité, à la filiation et à l'adoption. Ces lois constituent la base textuelle de ce qu'on appelle communément le Code civil.

Ce présent manuel de Droit civil sera consacré uniquement à l'étude des règles relatives à l'existence (la personnalité juridique) des personnes (les personnes physiques et les personnes morales), des règles relatives aux droits patrimoniaux et extrapatrimoniaux des personnes, des règles relatives à l'individualisation des personnes et des règles relatives à la capacité des personnes.

Les personnes sont les sujets de droit, les sujets du droit et, à ce titre, les unités élémentaires du droit. Le sujet de droit donc, en une conception dynamique de la personne : une entité douée d'intérêts capable de conclure des contrats et de s'insérer dans le commerce juridique, seules des personnes pouvant s'adonner au commerce juridique (être propriétaire, contracter, ester en justice) lequel a pour objet essentiellement (et en principe) des choses, c'est-à-dire des non-personnes. Les personnes sont en effet opposées aux choses.

Être une PERSONNE, c'est en principe être apte à être titulaire de droits, c'est disposer de la personnalité juridique. C'est ce que nous étudierons dans *la première partie*.

La personne ainsi considérée peut parfois relever d'une conception abstraite, détachée de la réalité humaine de la personne. La personnalité juridique peut ainsi ne pas être reconnue à une personne humaine, comme ce fut le cas de l'esclavage et comme c'est encore le cas dans certains pays du monde[1] ou bien encore par la reconnaissance de la personnalité juridique à des fictions comme des sociétés, des associations, des personnes publiques, des collectivités locales, des établissements publics, des organisations internationales, etc.

Sur cette considération, se développent des règles qui ont longtemps été l'essence du droit des personnes fondées sur l'identification des personnes, l'action de celles-ci (les droits et les libertés, liberté d'information, protection de la vie privée, etc.) ou leur protection. La faculté d'une personne d'être un sujet de droit peut parfois en effet être amoindrie ou paralysée par une inaptitude à exercer les droits dont elle est titulaire. Cet amoindrissement ou cette paralysie feront l'objet de *la deuxième partie* consacrée aux INCAPACITÉS.

[1] Selon un rapport spécial des Nations Unies 2015, les communautés Touareg, Arabes, Peulhs et Toubous du Niger pratiquent toujours l'esclavage.

# PREMIÈRE PARTIE

# LES PERSONNES

Dans le langage juridique, le mot PERSONNE désigne tous les êtres qui sont titulaires de droit et sujets d'obligation, c'est-à-dire qui sont susceptibles d'assumer des obligations. Ce terme PERSONNE est synonyme de sujet de droit. Les personnes sont donc les seuls sujets de droit. Il existe en droit deux catégories de personnes. Elles ont en commun la qualité de sujet de droit et sont les acteurs de la vie juridique ; ce sont les personnes physiques et les personnes morales.

Le droit des personnes est en effet totalement tributaire du choix de société réalisée : un système subjectif, fondé sur la personne comme sujet de droit et les relations nouées autour de la personne.

Dans notre système juridique, tel qu'il découle de la Déclaration des droits de l'homme et du citoyen de 1789, les personnes sont les sujets de droit, les seuls sujets de droit.

Si l'animal peut faire l'objet d'une protection légale[2], il n'est pas sujet de droit et ne peut avoir de droits : l'animal est comme les choses inanimées, une chose, un objet de droit.

---

[2] Le droit français donne aujourd'hui un statut intermédiaire à l'animal. C'est-à-dire même s'il n'est pas considéré comme une personne, son statut de chose a évolué. Il est passé de bien meuble à celui d'être vivant doué de sensibilité.

Est ainsi vérifiée la *summa divisio* fondamentale entre les personnes, sujets de droit et les choses, objets de droit.

Quand il dénombre les sujets de droit, le Droit civil reconnaît chacun d'entre nous en tant que personne humaine et, mieux, en tant que PERSONNES PHYSIQUES (TITRE I). Mais le Droit reconnaît également les sociétés, les associations, les syndicats : ce sont les PERSONNES MORALES (TITRE II).

# TITRE 1

# LES PERSONNES PHYSIQUES

La personne physique (personne par excellence), c'est l'être humain en chair, en sang et en os, tel qu'il est pris en considération par le droit. Tout être humain à la personnalité juridique et de tous les êtres vivants, l'Homme est le seul qui soit une personne.

Nous avons le sentiment que du seul fait que nous vivons, nous disposons de droits inhérents à tout être humain, en ce sens, nous disposerions tous des mêmes droits, nous serions tous égaux en droit. Mais dans le même temps, nous éprouvons aussi le sentiment que chacun est unique et que chaque être est différent en considérant son âge, son sexe, sa famille, sa nationalité ou sa profession.

La personne physique est immuable : c'est le sens du principe de l'immutabilité de l'état de la personne. Même si, aujourd'hui, sous d'autres cieux, le droit permet à une personne de changer de sexe. C'est-à-dire la possibilité pour Jean de devenir Jeannette[3]. Le droit guinéen reste

[3] Pendant très longtemps, la jurisprudence française était réticente à reconnaitre le changement de sexe à l'état civil des personnes transgenres. Un tournant majeur est intervenu avec l'arrêt de la Cour de cassation du 11 décembre 1992, où la Cour européenne des droits de l'homme a condamné la France pour violation de l'article 8 de la Convention européenne des droits de l'homme (le droit au respect de la vie privée et familiale). À la suite de cet arrêt, la Cour de cassation française a progressivement reconnu la possibilité pour les personnes

conforme à la conception divine de la personne : l'homme et la femme, le genre masculin ou féminin, comme la nature l'a établi et l'établira toujours ; un classement binaire.

Ainsi, dans ce présent titre, nous allons examiner la notion de la personnalité juridique et la personne humaine (chapitre I), avant celle de l'identification de la personne physique (chapitre II).

---

transgenres de faire modifier leur sexe à l'état civil, sous certaines conditions telles que la preuve de l'irréversibilité de la transformation sexuelle.

# CHAPITRE 1

## La personnalité juridique et la personne humaine

La personnalité juridique est l'aptitude à être titulaire actif ou passif de droit que le droit objectif reconnaît à chacun. Toutefois, la personnalité juridique ne doit pas être confondue à la capacité juridique qui n'est que l'aptitude à jouir et exercer soi-même des droits dont on est investi.

L'acquisition ou la reconnaissance de la personnalité juridique a pour corollaire l'égalité civile. Le principe, en Droit civil, est que tous les Hommes, comme souligné ci-dessus, sont égaux en droit. Mais cette égalité juridique est imaginaire pour ne pas dire abstraite. Dans la pratique, elle n'assure pas réellement la jouissance effective des mêmes avantages économiques et des mêmes positions sociales.

Affirmer que tous les êtres humains sont égaux en droit, c'est d'abord reconnaître que tous jouissent de la personnalité juridique et sont ainsi des sujets de droit, mais aussi, et surtout affirmer que les êtres humains ont, en cette seule qualité, comme attributs de personnalité, certains droits fondamentaux. Le principe fondamental premier en Droit civil est celui de l'égalité civile proclamée par l'article 1er de la Déclaration des droits de l'homme et du citoyen, « *tous les Hommes naissent libres et égaux en droit* », mais également celui de la souveraineté d'une personne sur elle-même qui fonde le principe ancien des droits et libertés des personnes, sujets de droit, mais également le principe nouveau de la considération de la personne humaine.

Cette égalité juridique est virtuelle ou plus exactement, simplement juridique : elle n'a pas pour fonction d'assurer concrètement à tous la jouissance des mêmes avantages économiques ou de la même position sociale. L'égalité civile n'est donc pas une égalité économique ou sociale.

Dire que tous les individus sont égaux en droit signifie que tous sont des personnes juridiques dont l'existence doit être mesurée (étant entendu qu'il aurait été possible de développer ici, une présentation générale de la personne, qu'elle soit physique ou morale, puisqu'il s'agit essentiellement de baliser le champ de la personnalité juridique, donnée abstraite commune aux deux institutions) (Section 1), que tous les êtres humains bénéficient, en tant que tels, des droits liés à cette personnalité (Section 2).

## SECTION 1 : L'EXISTENCE DE LA PERSONNE PHYSIQUE

La loi reconnaît à tout être humain la personnalité juridique. Cette personnalité s'acquiert (Paragraphe 1) et se perd (Paragraphe 2) également, sans oublier qu'il peut y avoir une certaine incertitude sur l'existence de cette personnalité juridique (Paragraphe 3).

### PARAGRAPHE 1 : LE DÉBUT DE LA PERSONNALITÉ JURIDIQUE

Aux termes des dispositions de l'alinéa premier de l'article 14 du Code civil, la personnalité commence avec la naissance et s'achève avec la mort. Ce principe est connu (A), il rencontre cependant des limites (B).

### A – Le principe : la naissance

En principe, tout homme acquiert la personnalité juridique par le seul fait de sa naissance. La naissance est juridiquement distinguée de la procréation, laquelle ne fait pas apparaître la personne, au sens juridique du terme, en serait-ce que parce que l'embryon, le fœtus, l'enfant à naître ne sont pas distingués du corps de la mère.

La naissance est donc la condition qui permet à l'enfant d'avoir la personnalité juridique, et d'être titulaire de droit. Elle est ainsi le point de départ de la personnalité juridique, de la participation de l'enfant à la vie juridique. Autrement dit, selon ce principe, ce n'est que lorsqu'il est sorti du ventre de sa mère que l'enfant peut acquérir un droit à savoir : hériter d'un bien en cas de décès de son père ou sa mère, recevoir un bien, par exemple une maison, par donation… etc.

À l'inverse, selon toujours ce principe, l'enfant qui n'est pas encore né, n'a pas la personnalité juridique. Il n'est donc pas apte à être titulaire d'un droit, en particulier succéder.

Ce principe a ainsi pour inconvénient d'exclure de la succession de son père, un enfant que porte une femme dont le mari décède pendant la période de grossesse ; car cet enfant ne figure pas parmi ceux qui sont nés au moment du décès du père, c'est-à-dire au moment où on cherche à savoir qui a la qualité d'héritier du père décédé. En application donc de ce principe, cet enfant n'étant pas né, n'a pas la personnalité juridique ; il ne peut donc bénéficier de la succession de son défunt père.

Pour remédier à cette injustice, ce principe selon lequel la personnalité commence à la naissance est frappé d'une exception.

## B – L'exception : l'enfant simplement conçu

Par exception, on assimile la conception de l'enfant à la naissance de celui-ci ; autrement dit, on considère la conception de l'enfant comme équivalant à la naissance de celui-ci, lorsque son intérêt l'exige.

Cette règle exceptionnelle a pour fondement juridique un adage latin qui s'énonce dans les termes suivants : « *Infans conceptus pro nato habetur quoties de commodis ejus agitur* » ; ce qui signifie : l'enfant conçu est considéré comme né chaque fois qu'il y va de son intérêt.

L'enfant étant encore dans le ventre de sa mère, il n'est pas né à l'instant où son père vient de mourir ; néanmoins, on le considère comme né parce qu'à la date du décès de son père, à cette date où on essaie de déterminer et rassembler les héritiers, son intérêt l'exige.

Pour être assimilé par anticipation à l'enfant déjà né, il faut la réunion de trois conditions cumulatives prévues par les dispositions de l'alinéa 2 de l'article 14 susmentionné qui dispose : « *Toutefois, l'enfant simplement conçu peut acquérir des droits s'il nait vivant et viable.* ».

### 1re condition : l'enfant doit être conçu

En biologie, la conception d'un enfant regroupe toutes les étapes depuis l'acte sexuel jusqu'à l'accouchement en commençant par la fécondation, la nidation, le développement de l'embryon jusqu'au stade de fœtus mature susceptible de venir au monde[4].

La loi n'a pas défini la conception. Elle a juste indiqué un intervalle de temps à l'intérieur duquel l'enfant est supposé être conçu. La date de la conception d'un enfant est

---

[4] Docteurclic.com/encyclopedie/conception.aspx
Dr CAROLINE CHAINE, gynécologue in « Désir d'enfant et conception, aspects psychologiques » mise à jour le 25 Janvier 2019. Valide le 10 décembre 2023.

fixée légalement et de manière irréfragable entre le cent quatre-vingtième jour et le trois centième jour précédent la naissance[5].

Ce temps qui court du 300e au 180e jour avant la naissance de l'enfant est appelé ''la période légale de conception''. Autrement dit, ce sont les relations intimes entretenues pendant cette période, par l'homme avec sa femme, qui ont eu pour résultat la conception de l'enfant. Si le mari était, pendant cette période, dans l'incapacité d'entretenir de tels rapports, alors il n'est pas le père de l'enfant.

**2e condition : l'intérêt de l'enfant**

La personnalité juridique est reconnue à l'enfant conçu chaque fois qu'il sera pour lui question d'acquérir un droit, un avantage : un legs ou une donation [6] selon les dispositions de l'article 14 du Code civil et en matière successorale [7]. Cette règle est étendue à tous les cas d'acquisition d'un avantage par l'enfant simplement conçu.

**3e condition : l'enfant doit naître vivant et viable**

Le droit dont bénéficie l'enfant du seul fait de sa conception ne sera effectif que si, au moment où la grossesse sera arrivée à terme, ce dernier naît vivant et viable. Cette condition signifie que l'enfant qui naît vivant et viable, verra se confirmer la personnalité juridique à lui accordée par anticipation à l'instant du décès du père ; il pourra, par voie de conséquence, devenir effectivement propriétaire du bien objet du partage de la succession, de la

---

[5] L'alinéa 3 de l'article 14 du Code civil dispose que « La date de la conception d'un enfant est fixée légalement et de manière irréfragable entre le cent quatre vingtième jour et le trois centième jour précédant sa naissance. »

[6] V. art 757 du Code civil

[7] V. art 663 du Code civil

donation ou du legs qui lui a été attribué du fait de sa conception.

En revanche, l'enfant qui ne naît pas vivant et viable n'aura jamais eu la personnalité juridique ; il sera donc dépouillé du droit qui lui a été préalablement reconnu du fait de sa conception.

Mais alors que faut-il entendre par naître vivant et viable ?

Est né vivant, l'enfant qui a respiré après l'accouchement. La respiration après l'accouchement est donc le critère de la vie. L'enfant qui ne respire pas après l'accouchement est un ''mort-né'' ; il est mort dans le ventre de sa mère avant d'être expulsé ; celui-ci n'étant pas né vivant, il n'acquiert pas la personnalité juridique.

La viabilité quant à elle, renvoie à la capacité naturelle de l'enfant de vivre. Est né viable, l'enfant qui naît avec les organes essentiels à la vie, suffisamment constitués pour lui permettre de vivre, l'aptitude à la vie. C'est ainsi que tout enfant né vivant est supposé viable, même s'il meurt rapidement après.

Toutefois, cette présomption de viabilité souffre de la preuve contraire. Il en est de certains enfants nés trop prématurément ou mal formés. D'une manière générale, un enfant est considéré comme non viable (bien qu'étant né vivant), lorsqu'il est dépourvu d'un organe essentiel à la vie, il est nécessairement voué à disparaître. La non-viabilité est donc liée aux malformations congénitales ou anomalies originelles qui rendent la mort inévitable.

Aujourd'hui, l'article 663 du Code civil relatif aux successions n'a tenu compte que la condition relative à la viabilité ; ce texte précise : « *Pour succéder, il faut exister à l'instant de l'ouverture de la succession ou, ayant déjà été conçu, être né viable.* ». Sont donc incapables de succéder, l'enfant qui est né vivant, mais non viable.

Il importe de préciser que la règle est inventée par les juristes pour permettre à l'enfant d'acquérir des droits, donc bénéficier des avantages matériels ou moraux, et non pour supporter des obligations ou subir les défaveurs, les inconvénients du Droit.

Mais que l'on naisse vivant et viable ou que l'on soit simplement conçu, l'être humain a une fin, il peut à cet effet perdre la personnalité juridique.

### PARAGRAPHE 2 : LA FIN DE LA PERSONNE PHYSIQUE : LA MORT

La personnalité juridique commence avec la naissance et s'achève avec la mort. La mort est définie par OMS [8] comme étant la disparition permanente et irréversible de la capacité de conscience et de toutes les fonctions du tronc cérébral. En claire, la mort, c'est l'arrêt des fonctions vitales de la personne.

La personnalité juridique supposant la vie cesse donc avec la mort. Le terme de la personnalité juridique coïncide exactement avec le terme naturel de la vie humaine.

S'agissant alors de la seule mort naturelle, celle-ci soulève des problèmes qui tiennent à sa preuve (A) et à ses effets (B).

#### A - La preuve de la mort

Le décès médicalement constaté, doit être déclaré à l'officier de l'état civil.

Puis, comme la naissance, la mort doit être constatée dans un acte de décès dressé par un officier d'état civil (de la commune où a eu lieu le décès, art 133 de la loi sur l'état civil). Mais pour que soit dressé un acte de décès, faut-il qu'il y ait eu vie.

— Si un enfant est décédé avant que sa naissance ait été déclarée :

---

[8] Organisation Mondiale de la Santé

Lorsqu'il y a un certificat médical attestant que l'enfant était né vivant et viable (en précisant ses jours et heures de naissance et de décès), l'officier de l'état civil établit un acte de naissance et un acte de décès[9]. À défaut, il dresse un acte d'enfant sans vie, inscrit à sa date sur les registres de décès et ne préjugeant pas de savoir si l'enfant a vécu ou non ; tout intéressé pourra saisir le tribunal de première instance à l'effet de statuer sur cette question (**al.2 et 3 de l'art 221 C.civ**).

— Si le corps n'a pas été retrouvé

Lorsque le corps du défunt, bien que le décès soit certain, n'a pu être retrouvé, un acte de décès ne saurait être rédigé. Un jugement déclaratif de décès, rendu par le tribunal à la demande du ministère public ou de tout intéressé, en tiendra lieu (**l'art. 230 C.civ**).

### B - Les effets de la mort

La mort entraîne en principe la disparition de la personnalité du défunt. Que deviennent alors les droits et actions attachés à la personne du de cujus dont celui-ci était titulaire, le sujet :

Certains disparaissent : ce sont les droits viagers (ex. : l'usufruit).

Mais la plupart des droits du défunt survivent à ce décès : ils sont transmis par succession aux héritiers (droit de propriété, droit de créance et dettes). Les héritiers sont les continuateurs de la personnalité du défunt.

Mais le droit, tout en mettant fin à la personnalité juridique, admet cependant qu'elle puisse produire effets ultérieurs : c'est ainsi, il accorde un effet obligatoire au testament qui par hypothèse, ne prend effet qu'au décès du testateur. C'est notamment le cas de certains droits de la personnalité. Ainsi, le droit d'auteur survit pendant 80 ans,

---

[9] V. art 138 de la loi sur l'état civil

au profit de ses héritiers, au décès de l'auteur[10], tandis que le droit moral de l'auteur est imprescriptible[11].

Par ailleurs, le cadavre qui n'a pas de personnalité est tout de même une chose digne de respect. Ainsi, une autopsie ne peut être pratiquée sur le corps d'un mort sans l'autorisation de ses parents.

La personnalité juridique prend fin à la mort, mais, juridiquement, la mort n'est pas la seule cause de disparition de la personnalité juridique. Il existe des situations auxquelles le droit attache des conséquences juridiques ; celles-ci se traduisent par une incertitude sur la vie d'une personne : il s'agit de l'absence et de la disparition.

### PARAGRAPHE 3 : LE DOUTE SUR L'EXISTENCE DE LA PERSONNE : L'ABSENCE ET LA DISPARITION

Lorsqu'une personne disparaît du jour au lendemain sans qu'on sache avec certitude si elle est ou non décédée. Ce peut être une absence (A), une personne qui, tout d'un coup n'est plus présente sans que l'on puisse savoir ce qu'elle est devenue, partie, enlevée, décédée accidentellement, nul ne le sait. Ce peut être une disparition (B), la personne n'est plus présente, mais il y a de forte présomption qu'elle soit décédée. On évoque bien entendu le cas des disparitions d'enfants, mais bien des adultes disparaissent également ; c'est également le cas de disparitions accidentelles. À l'occasion d'une catastrophe naturelle ou du crash d'un avion, voire de situations ordinaires de la vie courante, des personnes ont disparu.

---

[10] V. art 39 de la loi portant protection de la propriété littéraire et artistique

[11] V. art 11 de la loi portant protection de la propriété littéraire et artistique

## A - L' absence

En droit, l'absence est la situation d'une personne qui a cessé de paraître au lieu de son domicile ou de sa résidence sans laisser de nouvelles, et dont on ignore si elle est encore en vie ou décédée. Il est prudent de ne pas confondre l'absence avec la non-présence. Le non-présent, c'est celui qui se trouve éloigné d'un lieu déterminé, sans que son existence soit incertaine. Alors que l'absent est la personne dont le manque de nouvelles rend son existence incertaine **(al.1 et 2 de l'art 15 du C.civ)**.

La loi organise le régime juridique de l'absence autour de trois grands axes : la présomption d'absence (1), la déclaration d'absence (2) et la déclaration de décès (3). Ce qui met en évidence l'existence de trois périodes.

### 1 – La présomption d'absence

C'est la situation de l'individu pendant la période antérieure à la déclaration d'absence. Ce temps qui court à partir de la date des dernières nouvelles de l'individu, est appelé la période de la présomption d'absence.

La présomption d'absence est une présomption de vie. On suppose que l'absent est vivant, même si on ne sait pas où et donc qu'il peut, qu'il va revenir, car aucun élément ne permet de suspecter la mort de la personne. Elle joue dans certaines conditions (a), elle produit certains effets (b).

#### a – Les conditions de la mise en œuvre

Les conditions de mise en œuvre de la présomption d'absence sont prévues par les articles 16 et 17 du Code civil. Pour qu'une présomption d'absence puisse être constatée, il faut et il suffit qu'une personne ait cessé de paraître au lieu de son domicile ou de sa résidence sans que l'on ait eu de nouvelles.

La loi n'impose aucun délai. La présomption d'absence doit être demandée auprès du dernier domicile connu de celui dont on cherche à faire déclarer l'absence ou de sa dernière résidence. La demande est introduite par simple requête devant le juge des tutelles. Cette demande peut être formulée par toute personne intéressée ou par le Ministère public.

La requête susmentionnée est communiquée au ministère public qui fait diligenter des enquêtes sur le sort du présumé absent et prend toutes mesures utiles à la publication de la demande, notamment par voie de presse écrite ou de radiodiffusion, de télévision, même à l'étranger, s'il y a lieu.

Une fois saisi, le juge des tutelles qui reçoit la demande de déclaration d'absence dispose d'un délai d'un an pour faire réaliser une enquête sur la base de laquelle il va s'appuyer pour prendre sa décision[12].

### b – Les effets de la présomption d'absence

Les effets de la présomption d'absence relèvent des articles 17 et suivants du Code civil.

Le présumé absent est présumé vivant. La loi organise la protection du patrimoine de ce présumé absent par voie de représentation. Le Code civil prévoit à cet effet que dès la réception de la demande en déclaration de présomption d'absence, le juge des tutelles convoque le conseil de famille, en vue de désigner un administrateur provisoire des biens pour représenter le présumé absent dans l'exercice de ses droits ou dans tout acte auquel il serait intéressé, ainsi que pour administrer tout ou partie de ses biens[13].

---

[12] V. art 20 Code civil

[13] Il a été jugé que l'administrateur provisoire des biens agit dans l'intérêt du présumé absent et non dans celui de ses héritiers. Voir Cour de cassation, 1ère chambre civile, arrêt du 12 juillet 2007, n°06-16.694.

Cet administrateur peut être un parent, un allié ou toute autre personne pouvant représenter valablement le présumé absent. S'il y a des enfants mineurs, le juge les déclare soumis au régime de l'administration légale ou de la tutelle.

L'administrateur provisoire doit établir et déposer au greffe du tribunal de première instance territorialement compétent un inventaire des biens appartenant au présumé absent dès son entrée en fonction. Il a le pouvoir de faire des actes conservatoires et de pure administration. S'il y a urgence et nécessité dûment constatée, il peut être autorisé à faire des actes de disposition dans les conditions fixées par ordonnance du juge des tutelles.

Le juge des tutelles assure le contrôle de l'administrateur provisoire, il fixe le montant des sommes nécessaire à l'entretien de la famille, des enfants, sa rémunération éventuelle, etc.

À tout moment, à la requête du ministère public ou de tout intéressé, il peut être procédé, dans les formes suivies pour la nomination, à la révocation et au remplacement éventuel de l'administrateur provisoire.

D'un point de vue extrapatrimonial, le présumé absent existe, son mariage n'est pas dissous. S'il reparaît, il reprend la totalité de ses biens, dès qu'il en fait la demande et l'administrateur provisoire lui rend compte de sa gestion. Les actes d'aliénation régulièrement conclus lui sont opposables (art.26 C.civ.). S'il ne reparaît pas au bout de deux ans après le jugement déclaratif de présomption d'absence, s'ouvre la deuxième phase du mécanisme.

### 2 – La déclaration d'absence

Si l'absence se prolonge, la mort devient probable pour expliquer l'absence ; il faut en outre régler le problème des biens de l'absent, la situation de son épouse. Le tribunal peut alors prononcer un jugement de déclaration d'absence dont les effets sont importants (b) et les conditions rigoureuses (a).

### a – Les conditions de la déclaration d'absence

Elles sont prévues par les articles 21 et suivants du Code civil. Il ressort des dispositions de l'article 21 que la demande en déclaration d'absence ne peut intervenir que deux (2) ans après le jugement déclaratif de présomption d'absence. Cette demande est présentée au tribunal par requête. La requête peut être faite par toute personne intéressée ou par le Ministère public.

### b – Les effets de la déclaration d'absence

La loi permet au conjoint de demander le divorce pour cause d'absence dès le prononcé du jugement déclaratif d'absence. C'est-à-dire 3 ans au moins après la requête introductive de la demande de présomption d'absence.

Les pouvoirs de l'administrateur provisoire des biens sont étendus aux actes d'aliénation à titre onéreux. Toutefois, avant toute aliénation à l'amiable et sur ordonnance du juge des tutelles, l'administrateur provisoire fait expertiser les biens du présumé absent.

Si l'absent, en cette période reparaît, il reprend la totalité de ses biens, dès qu'il en fait la demande. L'administrateur provisoire lui rend compte de sa gestion. Les actes d'aliénation régulièrement conclus lui sont opposables contrairement, le nouveau mariage que son conjoint aurait conclu ne lui est pas opposable. Il en est de même du divorce que le conjoint aurait obtenu.

Si la période de déclaration d'absence perdure dans le temps, le tribunal peut être saisi d'une demande en déclaration de décès.

### 3 – La déclaration de décès

La déclaration de décès est prononcée par le tribunal sous certaines conditions (a) et elle produit aussi un certain nombre d'effets (b).

#### a – Les conditions de la déclaration de décès

Toute personne intéressée peut introduire devant le tribunal qui a déclaré l'absence une demande en déclaration de décès dix ans après les dernières nouvelles du présumé absent. Le juge des tutelles, à la diligence du ministère public, fait alors procéder à une enquête complémentaire.

En s'appuyant sur le rapport de l'enquête qu'il a ordonnée, le tribunal a le choix entre soit déclarer que la personne ne peut être considérée comme décédée, parce que des éléments de l'enquête par lui diligentée indiquent qu'on a de ses nouvelles, soit déclarer que la personne est décédée parce que, malgré toutes les recherches effectuées, on n'a aucune nouvelle d'elle ; dans ce cas, le juge des tutelles rend une décision de déclaration de décès encore appelée jugement déclaratif de décès.

#### b – Les effets de la déclaration de décès

La déclaration de décès présume la mort. Le décès est déclaré au jour du prononcé du jugement de déclaration de présomption d'absence, et le dispositif en est transcrit sur les registres de l'état civil du dernier domicile de l'absent, en marge de son acte de naissance et, éventuellement, de son acte de mariage.

Le jugement déclaratif de décès de l'absent a la même valeur probante que l'acte de décès. À partir de sa transcription, le jugement déclaratif de décès produit tous les effets du décès : notamment, la fin de la personnalité juridique de l'absent, l'ouverture de la succession, la dissolution du mariage et du régime matrimonial, etc.

Si l'absent reparaît après le jugement déclaratif de décès, il reprend ses biens dans l'état où ils se trouvent sans pouvoir prétendre à la restitution des biens aliénés.

Si l'absent revient après le jugement déclaratif de décès, son mariage qui a pris fin avec le jugement déclaratif demeure dissous. S'il a été procédé à la liquidation des biens, les biens reçus en partage demeurent propres à chacun d'eux.

Lorsque l'absent ou le disparu reparaît après le jugement déclaratif de décès, le nouveau mariage de son conjoint lui est opposable. Il en est de même du divorce que le conjoint aurait obtenu après le jugement déclaratif d'absence.

Mais, il y a certains cas dans lesquels ce régime paraît inadapté tant le décès de l'absent paraît certain. Le régime de la disparition pourvoit à ces hypothèses.

## B - La disparition

La disparition à l'image de l'absence, implique une incertitude sur l'existence de la personne physique. La disparition est la situation d'une personne qui était dans des circonstances de nature à mettre sa vie en danger, mais dont le corps n'a pu être retrouvé. Contrairement l'absence, il n'existe pas de périodes de présomption ni de procédure de déclaration de disparition. Il n'existe que la procédure de déclaration de décès.

Il convient d'abord de voir les conditions de déclaration de décès (1), ensuite les effets de la disparition (2).

### 1 – Les conditions de déclaration de décès du disparu

La loi précise la qualité des personnes dont la disparition peut être déclarée ainsi que les personnes qui peuvent exercer l'action (a) devant le tribunal compétent (b) aux fins de déclarer le décès.

**a – La qualité des personnes disparues et les personnes habilitées à intenter l'action en déclaration de décès**

L'article 23 du Code civil fixe la qualité des personnes dont la disparition peut être déclarée. Il s'agit de tout Guinéen disparu en Guinée ou hors de la Guinée ; de tout étranger ou apatride disparu, soit sur le territoire guinéen, soit à bord d'un bâtiment ou aéronef guinéen, soit même à l'étranger s'il avait son domicile ou sa résidence en Guinée.

Pour ce qui est des personnes habilitées à intenter l'action en déclaration de décès, l'article précédent cite le procureur de la République ou les toutes personnes intéressées. Peuvent être considérées comme personnes intéressées : les enfants et le conjoint du disparu, ses créanciers ou toute autre personne ayant intérêt à faire déclarer le décès du disparu. L'action exercée peut se traduire par une requête individuelle ou collective lorsque plusieurs personnes ont disparu au cours d'un même événement.

**b – Le tribunal compétent pour prononcer le décès du disparu**

La loi a prévu deux hypothèses.

Lorsque la disparition a eu lieu sur le territoire de la Guinée ; dans ce cas, la requête doit être présentée au tribunal du lieu où l'événement s'est produit.

Lorsque la disparition a eu lieu à l'étranger, la requête doit être présentée au tribunal de première instance de Kaloum. L'affaire est instruite et jugée en chambre du conseil.

Si le tribunal compétent estime que le décès n'est pas suffisamment établi, il peut ordonner toutes mesures d'information complémentaire et requérir notamment une enquête administrative sur les circonstances de la disparition.

Si le décès est déclaré, sa date doit être fixée en tenant compte des présomptions tirées des circonstances de la cause et, à défaut, du jour de la disparition. Cette date ne doit jamais être indéterminée.

Le dispositif du jugement déclaratif de décès ainsi rendu par le tribunal compétent est transcrit sur les registres de l'état civil du lieu, réel ou présumé, du décès et, le cas échéant, sur ceux du lieu du dernier domicile. Mention de la transcription en est faite aux registres, à la date du décès, en marge de l'acte de naissance et, éventuellement, en marge de l'acte de mariage.

En cas de jugement collectif, des extraits individuels du dispositif sont transmis aux officiers de l'état civil compétents, en vue de la transcription.

### 2 – Les effets de la disparition

Le jugement déclaratif de décès a la même valeur que l'acte de décès. À partir de sa transcription, il produit tous les effets du décès : la succession du disparu s'ouvre immédiatement à la date du jugement déclaratif de décès ; si le disparu est marié, son mariage est dissous.

En cas de retour du disparu, le procureur de la République ou toute personne intéressée peut demander au tribunal de prononcer l'annulation du jugement déclaratif de décès. L'annulation a pour effet de rétablir la personnalité juridique du disparu.

Les effets de son retour à l'égard de ses biens et son conjoint obéissent aux mêmes règles qu'en matière d'absence après le jugement déclaratif de décès.

## SECTION 2 : LES DROITS LIÉS À LA PERSONNALITÉ JURIDIQUE

La personnalité juridique confère des droits à toutes les personnes. Ces droits sont classés en deux catégories à savoir les droits patrimoniaux (P2) et les droits extrapatrimoniaux (P1).

Les droits extrapatrimoniaux n'ont aucune valeur pécuniaire ; il s'agit des droits familiaux (la puissance paternelle) des droits de la personnalité (droit à l'intégrité physique, droit au respect de la vie privée ...etc.) ; ces droits ne sont pas évaluables en argent et sont incessibles. Tandis que les droits patrimoniaux sont des droits évaluables en argent ; ils forment le contenu du patrimoine et sont à la base du commerce juridique.

### PARAGRAPHE 1 : LES DROITS EXTRAPATRIMONIAUX

Ce sont des droits qui ne sont pas directement évaluables en argent, parce qu'ils sont intimement liés à la personnalité de chaque être humain ; c'est pourquoi les droits extras patrimoniaux sont généralement appelés droits de la personnalité.

Une partie des droits extrapatrimoniaux concerne les rapports entre les citoyens et l'État ; on les appelle les droits de l'homme (A). Les autres droits de la personnalité concernent les rapports entre particuliers : ce sont les droits de la personnalité au sens strict du terme (B).

#### A - Les droits de l'homme

Les droits de l'homme sont énoncés sous différents aspects. La charte de la transition (notre petite constitution), dans ses toutes premières dispositions, met d'abord l'accent sur le droit à la vie ; elle proclame que « la personne humaine est sacrée » (**art 10 CT**) pour en tirer comme conséquence, la suppression de la peine de mort par le Code pénal de 2016.

Le droit à la vie est un droit fondamental ; c'est le premier droit de l'homme. Il est clairement affirmé par la Charte de la transition : « *le droit à la vie est inviolable ; nul n'a le droit d'ôter la vie à autrui* ». Suivent les libertés publiques, notamment : les libertés physiques (1), les libertés morales (2) et les libertés professionnelles (3).

### 1 – Les libertés physiques

À ce titre, il faut citer la liberté d'aller et de venir, le droit au respect de la dignité de la personne, le droit à la santé... etc.

#### a – La liberté d'aller et de venir

La liberté d'aller et venir, également appelée la liberté de circulation, c'est le droit qu'a tout individu de se déplacer, se promener et de s'établir librement sur toute partie du territoire national **(art 16 et 18 CT)**.

#### b – Le droit au respect de la dignité humaine

Le droit au respect de la dignité humaine est un principe fondamental inscrit dans de nombreux textes nationaux et internationaux. Ce droit est souvent perçu comme un pilier essentiel des droits de l'homme, affirmant que chaque individu doit être traité avec respect et sans discrimination, quelles que soient ses conditions économiques, ethniques ou autres.

C'est pour cela que l'esclavage, la traite des êtres humains, le travail forcé, la torture physique ou morale, les traitements inhumains, cruels, dégradants et humiliants, les violences physiques sont interdites[14].

#### c – Le droit au développement et à l'épanouissement de la personne

Le droit au développement et à l'épanouissement de la personne vise à garantir à chaque individu la possibilité de réaliser son plein potentiel, tant sur le plan personnel que

---

[14] V. art 11 de la charte de la transition

collectif. Ce droit repose sur l'idée que chaque personne a le droit de vivre dans des conditions qui lui permettent de croitre et de s'épanouir, aussi bien au niveau matériel qu'intellectuel, social et culturel. Il renvoie au droit à la santé, à l'éducation, à la formation professionnelle et à la culture (**art 10 CT**).

### 2 – Les libertés morales

La liberté de pensée et la liberté d'expression, notamment la liberté de conscience, d'opinion philosophique et de conviction religieuse ou de culte sont garanties par la Charte de la transition (**art 23 CT**). Ces libertés s'exercent sous la réserve du respect de la loi, des droits d'autrui, de la sécurité nationale et de l'ordre public.

### 3 – Les libertés professionnelles

La loi reconnaît à tout citoyen la liberté du commerce et de l'industrie ou liberté d'entreprise. Toute personne a le droit de choisir librement sa profession ou son emploi. La liberté syndicale et le droit de grève reconnus aux travailleurs des secteurs public et privé **(art 35 CT).**

## B - Les droits de la personnalité

Le droit accorde à chaque être humain la protection de son intégrité physique (1) et morale (2).

### 1 – Le droit à l'intégrité physique

Tout individu a droit à la protection de son intégrité physique, c'est-à-dire de son propre corps ; il a le droit d'exiger qu'aucune atteinte ne soit portée à son corps par un tiers. En conséquence, les atteintes, les blessures qui y sont portées donnent lieu à l'application de sanctions.

D'abord ce sont **des sanctions pénales** qui répriment les atteintes à l'intégrité physique, parce que ces comportements menacent l'ordre public.

Viennent ensuite **des sanctions civiles** qui vont se traduire par le versement d'une somme d'argent appelée ''dommages et intérêts'' à la victime sur le fondement de **l'article 1122 du Code civil**.

Un traitement médical ou chirurgical n'est en principe possible que si l'intéressé y consent.

Mais par exception à ce principe, la loi impose parfois aux individus l'obligation de subir des atteintes à leur intégrité physique. Ainsi, les impératifs de santé publique rendent la vaccination obligatoire, et permettent, en cas d'urgence, une intervention médicale ou chirurgicale sans le consentement de l'intéressé ou de ses parents[15].

Il en va de même en matière de sécurité publique où des peines corporelles sont édictées par la loi ; il s'agit notamment de l'emprisonnement.

### 2 – La protection de l'intégrité morale

Tout individu a droit à l'égard des autres personnes à la protection des aspects non physiques de sa personnalité ; se trouvent ici visés : le droit à l'image ; le droit au respect de la vie privée et le droit à l'honneur.

#### a – La protection du droit à l'image

Tout individu a droit au respect de sa propre image ; il a donc le droit de s'opposer à ce que des tiers lui prennent des photos. Ainsi la prise et la publication de l'image d'une

---

[15] L'article 46 du Code civil dispose qu'il ne peut être porté atteinte à l'intégrité du corps humain qu'en cas de nécessité médicale pour la personne.
Le consentement de l'intéressé est recueilli préalablement, hors le cas où son état rend nécessaire une intervention thérapeutique à laquelle il n'est pas à même de consentir.

personne, de sa photographie, sont subordonnées au consentement de l'intéressé. En conséquence, dans l'hypothèse où l'image est prise sans le consentement de l'intéressé, il y a atteinte à son droit à l'image.

Lorsque la prise ou la publication sont faites sans son consentement (ce qui constitue la faute), la victime peut exiger de l'auteur, la réparation du préjudice par elle a subi.

La réparation du préjudice causé se traduit par :

- Le paiement à la victime de dommages et intérêts ;
- Le retrait du circuit commercial des supports de diffusion (journaux, revues, magazines, etc.).

— La destruction des films.

### b – Le droit au respect de la vie privée

La vie privée est en général caractérisée par la vie familiale, la vie professionnelle, la vie affective et sentimentale, l'état de santé, l'état de fortune, la religion… etc.

Chaque individu a droit au respect de sa vie privée ; il a le droit de garder secrète l'intimité de son existence, de ne pas être livré en pâture à la curiosité des autres personnes.

Toute information de nature à porter atteinte à la vie privée d'un individu requiert le consentement de ce dernier. À défaut de consentement, l'auteur de la diffusion d'informations sur la vie privée commet une faute sanctionnée sur le fondement de l'article 1122 du Code civil.

### c – Le droit à l'honneur

L'honneur est le sentiment que chacun se fait de sa dignité, la considération qu'on a soi-même de sa personne, et le sentiment de considération que les autres personnes s'en font.

Chacun a le droit d'exiger que les tiers respectent son honneur. L'honneur consiste pour un individu d'être épargné de tout opprobre sur le terrain de la bonne conscience. C'est l'article 363 du Code pénal qui en assure expressément la protection à travers la répression de la diffamation. La diffamation est « *toute allégation ou imputation d'un fait qui porte atteinte à l'honneur ou à la considération de la personne ou de la collectivité à laquelle le fait est imputé.* ».

La victime de l'atteinte au droit à l'honneur peut mettre en œuvre la responsabilité de l'auteur sur le fondement de l'article 1122 du Code civil et exiger de lui le versement de dommages et intérêts à titre de réparation.

### PARAGRAPHE 2 : LES DROITS PATRIMONIAUX

En droit, le patrimoine n'est pas synonyme de fortune, c'est pourquoi on le définit comme étant l'ensemble des rapports de droit appréciables en argent, qui ont pour sujet actif ou passif une même personne et qui sont envisagés comme formant une universalité juridique.

Le patrimoine est perçu comme un attribut de la personnalité. C'est un prolongement nécessaire de la personne. Il présente quatre (4) caractères essentiels à savoir : seules les personnes peuvent avoir un patrimoine ; toute personne a nécessairement un patrimoine ; le patrimoine reste lié à la personne aussi longtemps que la personnalité et en fin une personne n'a qu'un patrimoine.

Les droits patrimoniaux se distinguent d'après leur objet : les droits réels portent directement sur une chose corporelle (A) ; les droits personnels ont pour objet une prestation due par une personne (B) et les droits intellectuels se traduisent par le pouvoir d'agir sur une chose incorporelle (C).

#### A - Les droits réels

Ce sont les droits qui portent directement sur une chose encore appelée un bien ; il s'agit d'un rapport juridique immédiat entre une personne et un bien ; ils confèrent à leur titulaire un pouvoir exercé sur une chose corporelle. Nous allons prendre connaissance des biens, objet de droit réel (1) ; on verra ensuite la classification des droits réels (2).

### 1 – Les biens

Aux termes de l'article 815 Code civil, tous les biens sont meubles ou immeubles. Cet article classe les biens en deux catégories : les biens meubles (a) et les biens immeubles (b) ;

#### a – Les meubles

Les meubles sont des biens qui, en principe, possèdent le caractère physique de la mobilité. Aux termes de l'article 820, les biens sont meubles par leur nature, ou par la détermination de la loi auxquels s'ajoutent les meubles par anticipation.

##### a.1 – Les meubles par nature

En droit, sont des meubles par nature, les choses qui peuvent se déplacer elles-mêmes (exemple les animaux) ou par l'effet d'une force étrangère ; il s'agit de toutes les choses qui peuvent être déplacées par l'homme. Sont ainsi des meubles, les véhicules automobiles, les avions, les navires, les marchandises …etc.

##### a.2 – Les meubles par détermination de la loi

Sont meubles par détermination de la loi, les obligations et les actions qui ont pour objet des sommes exigibles ou des effets mobiliers, les actions ou intérêts dans les compagnies de finance, de commerce ou d'industrie, encore que des immeubles dépendant de ces entreprises appartiennent aux compagnies. Ces actions ou intérêts sont réputés meubles à l'égard de chaque associé seulement, tant que dure la société. Sont aussi meubles par détermination de la loi, les rentes perpétuelles ou viagères, soit sur l'État, soit sur des particuliers.

#### a.3 – Les meubles par anticipation

Les meubles par anticipation sont des immeubles par nature, considérés comme des meubles, car ils sont destinés à être détachés du sol. Ce sont des biens dont la fixité est temporaire. Autrement dit, ce sont des immeubles que l'on considère fictivement comme des meubles, car on tient non pas compte de leur nature actuelle (immeuble), mais de leur nature future (meuble). Leur destination est de devenir des meubles. Dès lors on anticipe en les traitant comme des meubles, car ils ont vocation à devenir des meubles.

**Exemple** : les récoltes sur pieds[16].

### b – Les immeubles

Les immeubles sont, en principe, des biens qui ont une situation matérielle fixe. On distingue trois sortes d'immeubles : les immeubles par nature ; les immeubles par destination ; les immeubles par l'objet auquel ils s'appliquent.

#### b.1 – Les immeubles par nature

Sont immeubles par nature : les terrains urbains ou ruraux appelés communément fonds de terre ; les végétaux tant qu'ils adhèrent au sol et les édifices, tels que maisons d'habitation, entrepôts, ateliers, magasins, puits, ponts, barrages et tunnels.

---

[16] Les récoltes sur pieds désignent des cultures agricoles encore en pleine croissance dans les champs, qui n'ont pas encore été récoltés. Il peut s'agir des céréales, des fruits ou les légumes, qui sont encore enracinés ou non cueillis.

### b.2 – Les immeubles par destination

Ce sont des objets qui, en fait, sont des meubles. Toutefois, la loi les range dans la catégorie des immeubles parce qu'ils sont l'accessoire d'un immeuble, et ce, en application de la maxime ''*accessorium sequitur principal*'' ; ce qui signifie ''l'accessoire suit le principal''.

La réunion de trois (3) conditions est nécessaire pour qu'il y ait immeubles par destination :

Il faut d'abord qu'il y ait identité de propriétaire ; autrement dit, le propriétaire de l'immeuble par nature et le propriétaire du bien appelé à devenir immeuble par destination doivent être une seule et même personne.

Ensuite, il faut que le propriétaire ait la volonté d'affecter le bien meuble par nature à l'exploitation ou à la décoration d'un immeuble.

Enfin, le bien meuble par nature doit être affecté ou attaché à perpétuelle demeure à l'immeuble.

### b.3 – Les immeubles par l'objet auquel ils s'appliquent

Ce ne sont pas des choses, mais des droits considérés comme des immeubles parce que leur objet a un caractère immobilier. Tel est le cas notamment de l'usufruit des choses immobilières ; les servitudes ou services fonciers ; les actions tendant à la revendication d'un immeuble, etc.

## 2 – La classification des droits réels

Il faut ici distinguer les droits réels principaux (a) des droits réels accessoires (b).

### a – Les droits réels principaux

Les droits réels principaux sont essentiellement composés du droit de propriété et de ses démembrements.

**a.1 – Le droit de propriété**

« *La propriété est le droit de jouir et de disposer des choses de la manière la plus absolue, pourvu qu'on n'en fasse pas un usage prohibé par les lois ou les règlements*[17]. ». De cette définition, il résulte que le droit de propriété comporte trois prérogatives, encore appelées les attributs du droit de propriété. Ce sont : l'usus, le fructus et l'abusus.

- **L'usus** : C'est le droit d'utiliser la chose à sa convenance, c'est-à-dire le droit de s'en servir ou ne pas s'en servir.

**Exemple** : On peut ne pas porter un vêtement, ou laisser une voiture inutilisée dans un garage.

- **Le fructus** : C'est le droit de percevoir les fruits ou produits de la chose.

Les fruits sont les biens accessoires donnés par une chose de manière périodique, sans en altérer la substance. Les fruits sont naturels ou civils. Exemple : un manguier donne des fruits naturels ; une maison mise en location donne des fruits civils que sont les loyers.

Les produits sont fournis par la chose de manière non périodique et ils en altèrent la substance. Exemple : les pierres extraites d'une carrière ou les arbres coupés dans une forêt en altèrent la substance.

- **L'abusus :** C'est le droit de disposer de la chose ; cette disposition peut être juridique, qui se réalise par l'aliénation du bien (la vente, la donation) ou matérielle, qui se réalise par la destruction (détruire une maison, brûler un vêtement).

**a.2 – Les démembrements du droit de propriété**

Les démembrements du droit de propriété sont des droits réels portant sur une chose appartenant à autrui. Ils ne peuvent donc conférer à leurs titulaires que certains

---

[17] V. 828 du Code civil

attributs du droit de propriété : il s'agit de l'usufruit, l'emphytéose, la servitude.

— **L'usufruit** : C'est le droit de jouir des choses dont une autre personne a la propriété, comme le propriétaire lui-même, mais à charge pour l'usufruitier d'en conserver la substance.

L'usufruitier, c'est-à-dire la personne titulaire de l'usufruit, a le droit de jouir (usus et fructus) d'une chose dont l'abusus appartient à une autre personne appelée nu-propriétaire. Le nu-propriétaire se trouve donc dépouillé de l'usus et du fructus au profit de l'usufruitier.

— **L'emphytéose** : C'est un droit de jouissance sur un immeuble conféré à une personne pour une période de longue durée. Le bail emphytéotique consenti pour une durée comprise entre 18 et 99 ans sert essentiellement à mettre en culture des terres en friche.

— **La servitude** : C'est une charge imposée à un immeuble pour l'usage et l'utilité d'un autre immeuble appartenant à un propriétaire différent. L'immeuble grevé de la servitude s'appelle le fonds servant ; et celui qui en est le bénéficiaire est dit fonds dominant.

**Exemple** : le droit de passage créé au profit d'un terrain enclavé sur le terrain voisin.

b – **Les droits réels accessoires**

Les droits réels accessoires sont des droits qui sont assortis à un droit de créance pour le renforcer.

Le créancier titulaire d'un droit réel accessoire se trouve dans une situation préférable à celle du créancier chirographaire, c'est-à-dire le créancier qui n'a pas de garantie.

Lorsque les droits réels accessoires ont pour objet un immeuble ; ils sont appelés droits réels accessoires immobiliers. Ils prévus par les dispositions de l'article 190 et suivants de l'Acte uniforme de l'OHADA relatif aux sûretés.

Comme exemple, il faut citer **l'hypothèque.** C'est un droit réel portant sur un immeuble affecté à l'exécution d'une obligation. C'est une sûreté réelle pouvant porter sur un ou plusieurs immeubles du débiteur. C'est une garantie de crédit très commode, car elle laisse au débiteur la propriété et la jouissance du bien hypothéqué tout en assurant une protection efficace au créancier.

Lorsque les droits réels accessoires portent sur des meubles, ils sont appelés **droits réels accessoires mobiliers** ; tel est le cas du **gage ou nantissement**. Ces droits réels accessoires mobiliers sont prévus par les dispositions de l'article 50 et suivants de l'Acte uniforme de l'OHADA portant sur les sûretés.

### B - Les droits personnels ou droits de créance

Le droit personnel ou droit de créance est le droit qu'à une personne (appelée créancier) d'exiger d'une autre personne (appelée débiteur) une prestation, un service consistant à donner, à faire ou à ne pas faire quelque chose. **Exemple** : le droit du banquier d'exiger du client emprunteur, le remboursement de la dette ou encore le droit du bailleur (le propriétaire de la maison mise en location) de réclamer au locataire le paiement du loyer. Le lien juridique qui unit le créancier et le débiteur est appelé obligation.

Dans un contrat de vente, par exemple, le vendeur a l'obligation de livrer à l'acheteur le bien vendu ; en retour l'acheteur a l'obligation de payer au vendeur une somme d'argent représentant le prix du bien.

### C – Les droits intellectuels ou droit de clientèle

Ce sont des droits qui ont une valeur pécuniaire, mais que l'on ne peut classer dans les droits réels, car ils ne portent pas sur une chose corporelle ; on ne peut non plus les ranger dans les droits personnels, car ils n'ont pas un débiteur déterminé. Ce sont des monopoles d'exploitation ; ils portent :

— Soit sur des choses de l'esprit, d'où l'appellation de droits intellectuels ; exemple : les droits d'auteur sur les œuvres littéraires et artistiques.

— Soit sur des clientèles, d'où l'appellation de droit de clientèle résultant notamment des brevets d'invention, des marques de fabrique, des dessins et modèles, d'un nom commercial… etc.

Après avoir examiné la notion de la personnalité juridique, il convient de s'intéresser plus spécifiquement aux critères qui permettent d'identifier les personnes physiques.

# CHAPITRE 2

## L'IDENTIFICATION DE LA PERSONNE PHYSIQUE

Il est nécessaire d'individualiser les personnes physiques. Pour les identifier dans leur famille et dans la société, on a recours en dehors des signes distinctifs, notamment, le sexe, l'âge, l'état de santé… qui constituent les moyens d'identification d'ordre biologique, au nom et ses accessoires qui permettent d'identifier une personne et la distinguer des autres, au domicile qui permet de la localiser géographiquement ; aux actes de l'état civil qui contiennent des informations relatives à son état (état de vivant, de marié ou de célibataire, ou état de mort).

Ces différents modes identifications, hors les signes distinctifs, constituant les moyens d'identification d'ordre juridique et social seront premièrement étudiés (S1) avant d'aborder l'étude de l'état civil (S2) qui constate l'état des personnes physiques.

### SECTION 1 : LES MOYENS D'IDENTIFICATION D'ORDRE JURIDIQUE ET SOCIAL

Les moyens d'identification d'ordre juridique et social s'articulent autour du nom (P1), du domicile (P2) et de la nationalité (P3).

## PARAGRAPHE 1 : LE NOM

Le nom est une appellation qui sert à désigner une personne dans la vie sociale et juridique en vue de l'exercice de ses droits et de l'exécution de ses obligations. Il est régi par les dispositions des articles 28 et suivants du Code civil. « *La personne est identifiée à partir de son nom, constitué du nom patronymique et du ou des prénoms.*

*Le surnom ou pseudonyme, utilisé pour préciser l'identité de la personne, ne fait pas partie du nom de celle-ci*[18]. ».

Après avoir étudié les éléments constitutifs du nom (A), on exposera sa nature juridique (B), et ses caractères (C).

### A – Les éléments constitutifs du nom

Le nom est composé du nom patronymique (1), du ou des prénoms (2). À cela s'ajoutent le surnom, le pseudonyme, la particule et les initiales considérés comme les accessoires du nom (3).

#### 1 – Le nom patronymique

Le nom patronymique désigne traditionnellement le nom de famille transmis par le père. Dans de nombreuses cultures, le nom patronymique est utilisé pour indiquer la filiation et l'ascendance paternelle. Il se transmet de génération en génération, reflétant ainsi la lignée paternelle.

##### a – L'attribution du nom de famille basée sur la filiation

L'attribution du nom de famille basée sur la filiation est un processus qui détermine quel nom de famille l'enfant portera à la naissance. Les règles concernant cette

[18] V. art 28 du Code civil

attribution varient selon qu'il s'agit d'un enfant légitime ou naturel.

### a.1- La filiation légitime

L'enfant légitime (enfant conçu ou né dans le mariage) porte le nom de son père[19]. Cette disposition est une conséquence de la présomption de paternité. En effet, selon l'article 385 du Code civil, « *L'enfant conçu pendant le mariage a pour père le mari.* » ce qui est traduit par la maxime '' *Pater is est quem nuptiae demonstrant*'' qui signifie que le mariage (la nuptialité) démontre la paternité.

### a.2- La filiation naturelle

L'enfant naturel est celui qui naît de parents non mariés ; il peut s'agir d'un enfant naturel simple ou d'un enfant naturel adultérin.

La filiation naturelle est légalement établie par reconnaissance volontaire ou par la possession d'état.

L'enfant naturel simple porte le nom de celui de ses parents à l'égard duquel sa filiation est établie. De son père lorsque celui-ci l'aurait reconnu ou lorsqu'il existe à son égard une possession d'état ; ou de sa mère lorsqu'il n'a pas été reconnu par son père.

L'enfant naturel adultérin par le père porte en principe le nom du père à condition qu'il soit reconnu par lui.

L'enfant naturel adultérin par la mère ne peut être reconnu par l'amant de celle-ci, et porter son nom, que lorsqu'il a été préalablement désavoué par le mari de sa mère. Si le mari n'opte pas pour le désaveu, l'enfant, en sa qualité d'enfant légitime, portera son nom en application du principe de la présomption de paternité édicté par l'article 385 du Code civil.

---

[19] V. art 30 du Code civil

### b – L'attribution du nom de famille par l'autorité administrative et judiciaire

L'attribution du nom de famille par l'autorité administrative et judiciaire se réfère à des situations où le nom de famille d'une personne n'est pas déterminé par la filiation classique, mais doit être fixé par une décision administrative ou judiciaire.

#### b.1 – L'attribution du nom de famille par autorité administrative

Le nom patronymique s'acquiert par décision administrative s'il s'agit d'un enfant trouvé. En effet, il arrive que l'enfant n'ait aucun attachement familial connu ; c'est l'enfant né de père et de mère inconnus. Dans ce cas, le nom patronymique de l'enfant est attribué par l'officier de l'état civil à qui la naissance ou la découverte de l'enfant a été déclarée.

L'officier de l'état civil est donc l'autorité administrative compétente pour attribution de nom des enfants dont la filiation n'est établie ni à l'égard du père ni à l'égard de la mère [20]. Cette attribution se fait à titre provisoire en attendant un jugement d'attribution[21].

#### b.2 – L'attribution du nom de famille par autorité judiciaire

L'autorité judiciaire n'intervient dans l'attribution du nom qu'en matière de l'adoption (la filiation adoptive) ou lorsqu'il s'agit d'un enfant trouvé ou abandonné.

La filiation adoptive est un lien juridique de filiation créée par un jugement entre deux personnes qui, sous le

---

[20] V. art 33 du C.civ

[21] V. art 24 de la loi sur l'état civil

rapport du sang, sont généralement étrangères l'une à l'autre[22].

Aux termes des dispositions de l'article 32 du Code civil, l'enfant qui a fait l'objet d'une adoption plénière prend le nom de l'adoptant. En cas d'adoption plénière par deux époux, il prend le nom du mari. L'enfant ayant fait l'objet d'une adoption simple peut porter le nom de l'adoptant qu'il ajoute à son nom de famille. Toutefois, le juge peut, dans l'intérêt de l'enfant, décider qu'il portera seulement le nom de l'adoptant.

Pour les enfants trouvés ou abandonnés, le nom donné par l'officier de l'état civil doit faire l'objet d'une confirmation ou d'un changement par une décision de justice conformément aux dispositions de l'article 24 de la loi sur l'état civil.

**c - L'attribution du nom de famille en conséquence du mariage**

Le mariage est sans effet sur le nom des époux. Lorsqu'une femme se marie, elle conserve son nom de famille de naissance, appelé ''nom de naissance'' ou ''nom de jeune fille'', qui reste son nom légal tout au long de sa vie. Cependant, elle peut choisir d'utiliser, à titre d'usage, le nom de son mari, souvent appelé ''nom d'épouse'' ou ''nom marital'' pour marquer l'unité du ménage, mais elle n'est pas obligée de le porter[23]. Cet usage est facultatif et n'a pas d'incidence sur son identité légale. Le nom de naissance reste celui qui figure les documents officiels (acte de naissance, passeport, carte d'identité nationale, etc.).

Le choix d'utiliser ou non le nom marital est personnel, et il est possible de le faire dans l'exercice de certaines fonctions comme dans le commerce. Elle peut, même après

---

[22] L. Diakité, Concubinage en Droit guinéen de la famille, harmattan Guinée 2023, p.115 n°209

[23] V. art 34 du code civil

le divorce, continuer à l'utiliser le nom de son ex-mari si elle justifie d'un intérêt particulier (par exemple, si elle est professionnellement connue sous ce nom). Cette décision est généralement prise d'un commun accord entre les ex-époux ou, en cas de désaccord, par une décision du juge[24].

### d – La modification du nom patronymique

Le nom patronymique est immuable. Toutefois, la personne qui justifie d'un intérêt légitime peut demander à changer de nom. Ce changement est autorisé par décret du Président de la République. La requête de changement de nom patronymique est faite auprès du ministre en charge de la Justice. Sous peine d'irrecevabilité, la demande de changement de nom expose les motifs sur lesquels elle se fonde et indique le nom sollicité[25].

Cette demande de changement de nom est accompagnée des pièces suivantes :

— la copie de l'acte de naissance du demandeur, au cas échéant, la copie de l'acte de naissance des enfants du demandeur ;

— le consentement personnel écrit des enfants mineurs du demandeur, âgés de plus de treize ans ;

— un certificat de nationalité guinéenne du demandeur ;

— le bulletin N° 3 du casier judiciaire de la personne concernée si elle est majeure.

La demande de changement est publiée au Journal officiel de la République. Pendant le délai d'une année à compter de cette publication, toute personne justifiant d'un intérêt légitime peut, par un acte, faire opposition à cette demande devant le ministre de la Justice.

Le ministre de la Justice instruit la demande. À cette fin, il peut demander au procureur de la République près le tribunal territorialement compétent ou, si le requérant

---

[24] V. CA Rennes, 12 septembre 2004

[25] V. art 156 de la loi sur l'état civil

demeure à l'étranger, à l'agent diplomatique ou consulaire de son lieu de résidence de procéder à une enquête.

Le refus d'autoriser le changement de nom est motivé. Il est notifié au demandeur par le ministre de la Justice. Tout intéressé peut faire opposition à ce refus devant la Cour suprême.

Le décret autorisant le changement de nom patronymique est publié au Journal officiel de la République et est consigné par l'officier de l'état civil dans le registre de l'état civil en cours. Il est mentionné en marge de l'acte de naissance.

Le changement de nom s'étend de plein droit aux enfants mineurs de l'intéressé. Il ne s'étend aux enfants majeurs qu'avec leur consentement (**art. 162 de la loi sur l'état civil**).

NB : le changement de nom patronymique peut également intervenir à la suite de certaines actions d'état notamment, une tierce opposition contre un jugement supplétif tenant lieu d'acte de naissance[26], une action en contestation ou en reconnaissance de paternité[27] ou encore à la suite d'un jugement d'adoption.

### 2 – Le prénom

Le prénom est l'appellation qui permet de distinguer un individu des autres membres de la famille portant le même nom patronymique.

#### a – L'acquisition de prénom

À la différence du nom patronyme qui intervient de droit en principe à la naissance, le prénom est conféré par la

---

[26] V. le jugement N°093 rendu par le tribunal de première instance de Kaloum portant rétractation d'un jugement supplétif en tenant lieu d'acte de naissance en date du 25 mars 2024

[27] V. le jugement N°036 rendu par le tribunal de première instance de Kaloum portant reconnaissance de paternité en date du 04 mars 2024

volonté individuelle postérieurement à la naissance. Il sert à distinguer les membres d'une même famille.

Le prénom est choisi par le titulaire de l'autorité parentale, c'est-à-dire dans la situation ordinaire, par les parents, d'un commun accord, ou un parent si un seul est vivant.

Le choix du prénom est libre, aucune liste préétablie n'est imposée. Il peut même être inventé par les parents. Les parents ont donc la liberté d'attribuer à leurs enfants le ou les prénoms qu'ils désirent. Mais la loi pose des limites à cette liberté de choix ; en effet, le prénom attribué à l'enfant ne doit pas porter atteinte à la considération de celui-ci (**le dernier alinéa de l'article 37 du Code civil).** L'officier de l'état civil peut s'opposer à un prénom lorsqu'il se rend compte que ce prénom est ridicule ou que ce prénom pourra porter préjudice à l'enfant dans sa vie future[28].

Lorsqu'il s'agit d'un enfant trouvé, le choix du prénom est effectué par l'officier de l'état civil conformément à l'article 24 de la loi sur l'état civil.

Concernant l'ordre d'inscription du nom et des prénoms, la loi indique que le ou les prénoms doivent précéder obligatoirement le nom de famille, et tous les actes et écrits officiels ou privés doivent se conformer à cette prescription (**article 28 Code civil**).

---

[28] En 2018, après la victoire de l'équipe de France lors de la coupe du monde en Russie, un couple de Corrèze a tenté de prénommer leur enfant en ''Griezmann Mbappé'', en hommage aux footballeurs Antoine Griezmann et Kylian Mbappé. L'officier de l'état civil a signalé ce choix de prénom au procureur, en estimant que cela pourrait porter préjudice à l'enfant dans sa vie future. Le tribunal de Brive-la-Gaillarde a statué contre ces prénoms, estimant qu'ils étaient contraires à l'intérêt de l'enfant en raison de leur caractère ''trop original'', ce qui pourrait conduire à des moqueries ou des difficultés dans sa vie sociale.

### b – La modification ou changement de prénom

Le prénom qui complète le nom patronymique est lui aussi soumis au principe de l'immutabilité contenu dans l'article 35 du Code civil. Le changement de prénom peut intervenir à la suite d'un changement d'état ; tel est le cas en matière d'adoption.

Par ailleurs, il est possible de changer de prénoms ou d'adjoindre de nouveaux prénoms à ceux mentionnés sur l'acte de naissance. Mais celui qui sollicite le changement de prénoms doit justifier d'un intérêt légitime. L'intérêt légitime peut se traduire par le fait que le prénom reçu des parents est ridicule.

Celui qui désire changer de prénoms doit présenter une requête devant le tribunal dans le ressort duquel l'acte de naissance a été établi ; le requérant doit préciser les motifs du changement qui établissent l'existence d'un intérêt légitime.

La procédure de modification d'erreur matérielle dans le prénom obéit aux mêmes règles que celles du changement de prénoms[29].

## 3 – Les accessoires du nom

Ce sont le surnom et le pseudonyme d'une part (a), la particule et les initiales d'autre part (b). Ils n'existent pas toujours et sont donc facultatifs. Ils ne font pas partie du nom (**al 2 de l'article 28 du Code civil**).

### a – Le surnom et le pseudonyme

Le **surnom** est une appellation que l'entourage donne à une personne de manière constante et publique. Il n'est pas choisi, mais imposé par son milieu.

---

[29] V. le jugement N°059 rendu par le tribunal de Kaloum portant rectification d'erreur matérielle d'un prénom en date du 14 mars 2024.

Il est parfois retenu comme élément d'identification de la personne dans les pièces administratives, et notamment dans les documents de police (**ex.** : Toumba, Kalonzo, Jack l'éventreur ...).

Le **pseudonyme** est un nom volontairement choisi par une personne pour exercer, sous un masque, une activité professionnelle, généralement littéraire ou artistique.

Normalement, le choix du pseudonyme est libre. L'intérêt public interdit cependant l'exercice de certaines professions sous un pseudonyme (c'est le cas de la médecine).

Notons enfin qu'à la différence du nom, le pseudonyme ne se transmet pas aux héritiers de l'auteur ou de l'artiste sauf accord de ce dernier, mais est protégeable contre les usurpations des tiers : l'usage « loyal, continu, paisible et public » emporte création d'un droit patrimonial. On est donc propriétaire de son pseudonyme.

NB: Les prénoms précèdent le nom de famille. La première lettre des prénoms s'écrit en majuscule et le nom de famille s'écrit entièrement en lettres capitales (majuscule).

Les pseudonymes et les surnoms peuvent être utilisés, à condition de les ajouter, en lettres minuscules, après les prénoms à la suite de la mention « dit » ou « dite »[30].

### b – La particule et les initiales

La particule est un mot qui précède certains noms ; il détermine le lien de filiation. La loi guinéenne ne s'est pas préoccupée de la particule, mais il faut noter que celle-ci est la composante de certains noms patronymiques en France. On peut citer par exemple, Jean de la Fontaine, Olivier de Sanderval...

[30] V. art 23 de la loi sur l'état civil

Les initiales sont des substituts imparfaits des noms et prénoms qui peuvent être librement choisies comme signature. À l'image des personnes physiques, les personnes morales, publiques ou privées ont la faculté d'utiliser les initiales. À titre d'exemple nous avons : $K^2$ (IBRAHIMA KALIL) ; A.O.B (ALPHA OUMAR BAH) ; BCRG en Guinée (Banque Centrale de la République de Guinée), etc.

## B - La nature juridique du nom

La **nature juridique** du nom est depuis une centaine d'années l'objet d'une controverse[31]. Plusieurs thèses se sont succédé. Notamment, la thèse de droit de propriété qui a été écarté du fait du caractère immutable, imprescriptible et inaliénable du nom, au profit de la thèse de droit de la personnalité (1) et la thèse d'institution de police (2).

### 1 – Le nom, droit de la personnalité

Le titulaire du nom a droit à l'usage de son nom, il a le droit de se servir de son nom dans les actes juridiques et dans la vie sociale. Il peut l'utiliser à des fins commerciales, il a le droit de s'opposer à l'usurpation de son nom par une tierce personne. Toutes ces prérogatives impliquent l'existence d'un droit au nom dont l'individu a une claire conscience.

---

[31] La nature juridique du nom est un sujet qui a suscité de nombreuses controverses doctrinales, en particulier en ce concerne son caractère patrimonial ou extrapatrimonial.
Jean Carbonnier, Gérard Cornu, Philippe Malaurie et plusieurs autres abordent la question de la nature du nom sous l'angle du droit de la personnalité. Ils considèrent le nom comme un attribut de l'identité personnelle, inaliénable et imprescriptible, ce qui en fait un élément central de la personnalité juridique.

Le droit au nom est un droit de famille, car le nom résulte de la filiation. Le nom est donc un aspect de l'état de famille, un attribut (un droit) de la personnalité.

### 2 – Le nom, institution de police civile

En même temps qu'il est l'objet d'un droit, le nom est une institution de police civile se justifiant par la nécessité de l'État de distinguer les individus dans la société ; c'est une étiquette administrative. C'est pourquoi chaque personne a l'obligation de porter son nom dans la vie juridique ; tel est le sens de l'article 28 du Code civil qui fait obligation aux fonctionnaires et officiers publics ou ministériels de désigner les personnes par leurs noms et prénoms réguliers, dans les actes, expéditions ou extraits qu'ils rédigent. Par ailleurs, l'usage d'un faux nom expose son auteur à des sanctions pénales (**articles 305, 404, 589 et 594 du Code pénal)**

## C - Les caractères du nom

**Le nom est immuable.** Le principe d'immutabilité contenu dans l'article 35 du Code civil, est atténué, comme on l'a déjà vu, par le changement de nom consécutif à un changement d'état, ou le changement de nom à titre principal.

**Le nom est inaliénable.** Cela signifie que le droit au nom étant un droit extrapatrimonial ne peut être cédé entre vifs, donné ou vendu, ni transmis par testament. Cependant, ce principe souffre d'une exception. En effet, notre société outrancièrement capitaliste étant dominée par l'argent, a admis la commercialisation du nom. Le nom sous lequel un individu fait le commerce (nom commercial) est un élément de son fonds de commerce qui peut être cédé (vendu) en même temps que ce fonds dont il fait partie. Mais l'utilisation du nom patronymique devenu commercial doit être exclusivement limitée à l'exploitation du fonds de commerce.

**Le nom est imprescriptible** c'est-à-dire qu'il ne peut être perdu en raison d'un défaut d'utilisation. La prescription, c'est la disparition d'un droit qu'on n'a pas exercé pendant une certaine durée. Les juges français ont décidé qu'un nom de famille peut être réclamé par les membres de cette famille, malgré le long temps pendant lequel ce nom n'a pas été porté.

### PARAGRAPHE 2 : LE DOMICILE

Le domicile est le siège légal de la personne, le lieu où la loi la localise. Comme le nom, le domicile sert à individualiser la personne, en déterminant le lieu, où au regard de la loi, elle est censée être toujours présente.

Le domicile est défini par l'article 39 du Code civil qui dispose : « *Le domicile d'une personne, quant à l'exercice de ses droits, est au lieu où elle a son principal établissement.* ». Le domicile doit être distingué des notions voisines telles que celles de résidence ou d'habitation.

La résidence et l'habitation correspondent à l'endroit où une personne se trouve effectivement pendant un certain temps. Ce lieu est qualifié de résidence lorsque la personne y vit de façon normale. L'habitation désignant le lieu d'un séjour bref et occasionnel.

### A - La fonction du domicile

Le domicile est un critère qui permet d'attribuer compétence territoriale aux autorités légales.

C'est le critère de détermination de la compétence territoriale des juridictions (1) ; il détermine également l'officier de l'état civil compétent pour célébrer le mariage (2).

### 1 – La détermination de la compétence territoriale des juridictions

Le domicile est un critère attributif de compétence territoriale. En effet, le tribunal territorialement compétent est celui du domicile réel ou élu du défendeur, et en l'absence de domicile, celui de sa résidence (**art 159 du CPCEA**).

En d'autres termes, le défendeur à un procès doit être assigné devant le tribunal du lieu de son domicile. Dans le même sens, il faut également noter que le paiement d'une créance doit être fait au domicile du débiteur (**article 1191 du Code civil**) ; autrement dit, le créancier doit lui-même, aller chercher ce qui lui est dû au domicile du débiteur ; on dit que la dette est quérable et non portable.

### 2 – La détermination de la compétence territoriale de l'officier de l'état civil

Le domicile sert à déterminer la compétence territoriale de l'officier de l'état civil en matière de mariage. En effet, selon l'article 256 du Code civil, « *Le mariage est célébré publiquement, lors d'une cérémonie solennelle, par l'officier de l'état civil de la commune où l'un des futurs époux à son domicile ou sa résidence.* ».

Au-delà de la compétence territoriale, le domicile est également le lieu d'accomplissement de certains actes ; il en est ainsi en matière de procédure civile où les significations, les sommations et les commandements de payer doivent être effectués au domicile réel ou élu de l'intéressé.

## B – La détermination du domicile

Le domicile est déterminé de façon volontaire (1). Cependant, il existe des hypothèses dans lesquelles la loi attribue à l'individu un domicile légal (2).

### 1 – Le domicile volontaire

Le principe est le libre choix du lieu où tout individu décide de fixer son principal établissement ; c'est le domicile volontaire. Il est constitué à travers par un certain nombre d'éléments (a) et il peut également faire l'objet d'un changement (b).

#### a – Les éléments constitutifs du domicile volontaire

L'article 39 du Code civil désigne le domicile comme le lieu où l'on a son **« principal établissement »**. En ce sens, le domicile est bien volontaire puisque l'individu choisit celui-ci.

La notion de principal établissement mérite cependant quelques éclaircissements. Le principal établissement se caractérise par la conjonction d'un élément matériel et d'un élément intentionnel.

**L'élément matériel** se traduit par le fait de s'établir en un endroit de façon durable.

**L'élément intentionnel** se manifeste par la volonté de fixer son domicile en cet endroit. Le domicile est le lieu où l'on a l'intention de rester, de demeurer.

Une difficulté se présente lorsque la personne a plusieurs établissements, ayant plusieurs centres d'intérêt localisés à des endroits divers. Dans ce cas, il faut avoir recours à l'élément intentionnel qui va permettre de reconnaître l'un des centres d'activité de l'intéressé comme son principal établissement. Dans certains cas, les tribunaux font prévaloir le lieu d'exercice de la profession ; dans d'autres, les intérêts économiques et familiaux déterminent le lieu du principal établissement.

### b – Le changement de domicile

Le changement de domicile s'opère par le fait d'une habitation réelle dans un autre lieu joint à l'intention d'y fixer son principal établissement.

Le changement de domicile suppose donc la modification de l'élément matériel et de l'élément moral.

Pour l'élément matériel, sa modification s'opère par un déplacement du principal établissement ; à cela il faut joindre la volonté de l'individu de fixer son principal établissement dans le nouvel endroit.

La preuve du choix du nouvel établissement résultera d'une déclaration expresse faite à la mairie de l'ancien domicile et celle du nouveau domicile.

## 2 – Le domicile légal

Dans un certain nombre de cas, le législateur a lui-même fixé le domicile de certaines personnes. En réalité, le législateur a établi une série de présomptions irréfragables selon lesquelles certaines personnes ont leur principal établissement en un lieu déterminé. Il détermine le domicile d'une personne tantôt en raison du lien de dépendance dans lequel elle se trouve à l'égard d'autrui (a), tantôt en raison de sa profession (b)

### a – Le domicile de dépendance

C'est celui que la loi assigne d'office à certaines personnes en raison de leur dépendance vis-à-vis d'une autre personne.

#### a.1 – Le domicile du mineur non émancipé

Le mineur non émancipé est domicilié chez ses père et mère (**article 41 du Code civil**) ; il s'agit d'un domicile de rattachement de l'enfant au domicile de ses parents. En cas de divorce ou de séparation de corps, le mineur est domicilié chez le parent auquel le tribunal a confié sa garde. En cas de décès de ses parents, le mineur est domicilié chez son tuteur.

**a.2 – Le domicile du majeur sous tutelle**

Aux termes de l'article 41 du Code civil, le majeur sous tutelle (c'est-à-dire le majeur incapable en raison notamment d'une altération de ses facultés mentales) a pour domicile celui de son tuteur.

**a.3 – Le domicile des domestiques**

Il s'agit des personnes qui travaillent habituellement chez autrui.

Les **domestiques** ou **employés** qui servent ou travaillent habituellement chez autrui auront le même domicile que la personne qu'ils servent ou chez laquelle ils travaillent, lorsqu'ils demeureront avec elle dans la même maison.

**b – Le domicile de fonction**

L'acceptation par une personne d'une fonction publique, aux termes de l'article 40 du Code civil peut emporter transfert immédiat du domicile du fonctionnaire dans le lieu où il doit exercer ses fonctions[32]. C'est le cas des magistrats du siège en raison de leur inamovibilité, ou bien encore des officiers publics ou ministériels titulaires de charges.

**C – les caractères du domicile**

Le domicile est obligatoire, unique et inviolable.

[32] V. art. 40 du C. civ

### a – Le caractère obligatoire du domicile

Le caractère obligatoire du domicile se réfère à l'obligation légale pour chaque individu de déclarer un lieu comme étant principal établissement.

Le domicile sert à rattacher, juridiquement une personne à un lieu ; il en résulte que toute personne a en principe un seul domicile qui est son siège légal. Le caractère obligatoire du domicile s'explique donc par la nécessité d'un rattachement géographique de l'individu. En cas de difficulté pour trouver un domicile à une personne, on peut admettre qu'elle a conservé son domicile d'origine, c'est-à-dire celui qu'elle avait à sa naissance.

### b – L'unicité du domicile

L'unicité du domicile est un principe selon lequel une personne ne peut avoir qu'un seul domicile à un moment donné, même si elle possède ou réside dans plusieurs lieux différents. Comme exception à ce principe, l'article 42 du Code civil consacre la notion de domicile élu ; c'est un domicile théorique choisi par une personne pour attribuer la compétence à un tribunal. On dit que la personne a fait élection de domicile. L'élection de domicile est ainsi un acte par lequel une personne désigne dans un contrat un lieu autre que son domicile réel.

Ce principe de l'unicité du domicile subit une autre atténuation intéressante avec la **jurisprudence dite des gares principales**[33].

---

[33] La théorie des gares principales qui veut que lorsqu'on a à plaider contre une société, on peut l'assigner devant tout tribunal dans le ressort duquel se trouve une succursale de cette société. Voir Cour d'Appel de Ouagadougou Arrêt du 20/06/2008-OHADA.com.

### c – L'inviolabilité du domicile

Le caractère inviolable du domicile se réfère à la protection juridique accordée au domicile contre les intrusions non autorisées, les perquisitions et les fouilles. Ce principe est inscrit dans la charte de la transition[34] et le Code pénal[35].

Ce caractère est étroitement lié au respect des droits fondamentaux à la vie privée. Il protège les individus contre les atteintes à leur intimité et leur espace personnel.

En fin, comme tout individu doit avoir un nom, une personnalité et un patrimoine, il doit avoir un domicile. Mais, à la différence du nom, conçu essentiellement comme un droit de la personnalité, le domicile est surtout une institution de police qui permet de localiser un individu dans l'espace.

## PARAGRAPHE 3 : LA NATIONALITÉ

La nationalité est un lien juridique et politique qui unit une personne à un État. Ce lien confère à l'individu des droits et des obligations, ainsi qu'une appartenance à une communauté nationale. Elle permet à une personne d'exercer certains droits (le droit de vote) et d'être protégée par l'État.

Aux termes de l'article 50 du Code civil, la nationalité s'attribue (A), s'acquiert (B), et se perd (C).

---

[34] V. art 17 de la charte de la transition

[35] L'article 647 du Code pénal dispose que « Le fait, par une personne dépositaire de l'autorité publique ou chargée d'une mission de service public, agissant dans l'exercice ou à l'occasion de l'exercice de ses fonctions ou de sa mission, de s'introduire ou de tenter de s'introduire dans le domicile d'autrui contre le gré de celui-ci hors les cas prévus par la loi est puni d'un emprisonnement de 6 mois à 2 ans et d'une amende de 500.000 à 5.000.000 de francs guinéens ou de l'une de ces deux peines seulement. ».

### A - L'attribution de la nationalité

L'attribution de la nationalité est le fait d'avoir la nationalité dès la naissance. Cette attribution se fait en raison de la filiation ''*jus sanguinis*'' (1) ou en raison de la naissance sur le territoire guinéen ''*jus soli*'' (2).

#### 1 – L'attribution de la nationalité en raison de la filiation ou le *jus sanguinis*

Le *jus sanguinis* (le droit du sang) est un principe juridique selon lequel la nationalité d'un individu est déterminée par sa filiation, c'est-à-dire par la nationalité de ses parents, indépendamment de son lieu de naissance. En d'autres termes, un enfant acquiert la nationalité de ses parents ou l'un d'eux, [36] quelle que soit sa situation géographique à la naissance.

L'article 56 du Code civil donne cependant la faculté à l'enfant dont, un seul des parents est guinéen, de répudier la nationalité guinéenne dans les six (6) mois précédant sa majorité ou dans les 12 mois la suivant à la condition qu'il soit né hors du territoire guinéen.

#### 2 – L'attribution de la nationalité en raison du lieu de naissance ou le *jus soli*

Le *Jus soli* (le droit du sol) est un principe juridique selon lequel une personne acquiert la nationalité d'un pays simplement en y naissant, indépendamment de la nationalité de ses parents.

Contrairement au *jus sanguinis* qui est de plein droit, le jus soli ne joue que suivant certaines hypothèses édictées par les dispositions de l'article 58 à l'article 60 du Code civil.

---

[36] L'article 56 du Code civil prévoit qu'est guinéen, l'enfant dont l'un des parents au moins est guinéen.

— **1re hypothèse** : Est Guinéen l'enfant né en Guinée de parents inconnus, apatrides[37] ou étrangers si, à sa naissance, il ne pouvait bénéficier d'aucune autre nationalité.

— **2e hypothèse** : L'enfant nouveau-né trouvé en Guinée est présumé guinéen, jusqu'à preuve du contraire.

— **3e hypothèse** : Tout enfant trouvé en Guinée et qui n'est pas en mesure de fournir des informations précises sur l'identité de ses parents ou leur lieu de naissance est présumé guinéen jusqu'à preuve du contraire.

— **4e hypothèse** : Est Guinéen l'enfant né en Guinée, lorsque l'un de ses parents au moins est lui-même né en Guinée.

Le droit guinéen n'applique pas automatiquement le *jus soli*[38]. Il faut remplir au moins l'une des hypothèses ci-dessus pour se voir attribuer la nationalité guinéenne.

### B - L'acquisition de la nationalité guinéenne

L'acquisition de la nationalité guinéenne se fait suivant plusieurs modalités : par la filiation adoptive (1), par le mariage (2), par la naissance et la résidence (3), par déclaration de nationalité (4) et par décision de l'autorité publique (5).

#### 1 – L'acquisition de la nationalité en raison de la filiation adoptive

L'enfant, qui a fait l'objet d'une adoption plénière, acquiert la nationalité guinéenne si l'un de ses parents adoptifs au moins est guinéen.

---

[37] Apatride est une personne qu'aucun Etat ne considère comme son ressortissant par application de sa législation.

[38] Un enfant né sur le sol d'un pays appliquant le *jus soli* obtient automatiquement la nationalité de ce pays, même si ses parents sont étrangers. Le *jus soli* est largement utilisé dans les d'Amérique notamment le Canada, le USA…

L'adoption simple n'exerce de plein droit aucun effet sur la nationalité de l'adopté. L'enfant adopté de façon simple n'acquiert la nationalité guinéenne que s'il en la déclaration[39].

### 2 – L'acquisition de la nationalité par le mariage

Le mariage n'exerce de plein droit aucun effet sur la nationalité[40]. L'étranger ou l'apatride qui contracte mariage avec une personne de nationalité guinéenne peut, après un délai de cinq (5) ans, dont au moins trois (3) ans passés en Guinée à compter de la date du mariage, acquérir la nationalité guinéenne par déclaration, à condition qu'à la date de cette déclaration, la communauté de vie n'ait pas cessé entre les époux et que le conjoint guinéen ait conservé sa nationalité. Ce délai peut être ramené à trois (3) ans lorsque le couple a un enfant né, avant ou après le mariage, à condition que la filiation de cet enfant soit établie à l'égard des deux conjoints.

Lorsque le mariage est déclaré nul, le conjoint non guinéen perd la nationalité même si le mariage a été contracté de bonne foi[41]. Toutefois, l'annulation du mariage n'a aucun effet sur la nationalité des enfants qui en sont issus.

### 3 – L'acquisition de la nationalité en raison de la naissance et de la résidence en Guinée

C'est l'hypothèse d'une personne née en Guinée, mais de parents étrangers et nés hors de la Guinée. Dans ce cas,

---

[39] Aux termes de l'article 83 du Code civil, L'enfant adopté par une personne de nationalité guinéenne peut, jusqu'à sa majorité, par déclaration réclamer la nationalité guinéenne, pourvu qu'au moment de cette déclaration, il ait sa résidence en Guinée.

[40] V. art 70 du Code civil

[41] V. art 72 du Code civil

cette personne peut avoir la nationalité guinéenne sous réserve de la réunion d'un certain nombre de conditions.

L'article 74 du Code civil prévoit que tout enfant né en Guinée de parents étrangers peut, à partir de l'âge de 16 ans, acquérir la nationalité guinéenne, à condition qu'il en manifeste la volonté, qu'il justifie d'une résidence habituelle en Guinée pendant les cinq (5) années qui précèdent la manifestation de sa volonté et qu'il réside en Guinée à la date de celle-ci.

### 4 – L'acquisition de la nationalité par déclaration de nationalité

L'acquisition de la nationalité par déclaration de nationalité s'opère comme suite :

— L'enfant mineur né en Guinée de parents étrangers peut à partir de l'âge de 16 ans réclamer la nationalité guinéenne par déclaration si, au moment de cette déclaration, il a en Guinée sa résidence et s'il a eu sa résidence habituelle en Guinée pendant une période continue ou discontinue d'au moins cinq (5) ans.

— l'enfant simplement adopté par un Guinéen peut acquérir la nationalité s'il en fait la déclaration et à la condition qu'il ait sa résidence en Guinée au moment de cette déclaration.

En dehors de ces cas, tout enfant né en Guinée peut réclamer la nationalité guinéenne à partir de l'âge de 18 ans. Le mineur de 16 ans peut également réclamer la nationalité guinéenne avec ceux qui exercent l'autorité parentale sur lui. Ces personnes peuvent aussi déclarer qu'elles réclament, au nom du mineur âgé d'au moins 13 ans, la qualité de Guinéen, à la condition de résider habituellement en Guinée au moment de cette déclaration.

**5 – L'acquisition de la nationalité par décision de l'autorité publique**

L'acquisition de la nationalité guinéenne par décision de l'autorité publique résulte d'une naturalisation accordée à la demande de l'étranger.

La naturalisation est un processus par lequel une personne, qui n'est pas citoyen d'un pays, peut acquérir sa nationalité après avoir remplir certaines conditions comme :

— **La durée de résidence** : nul ne peut être naturalisé s'il n'a pas sa résidence habituelle en Guinée pendant les cinq (5) années qui précédent le dépôt de demande. Ce délai est réduit à trois (3) ans s'il est né en Guinée ou s'il a rendu ou peut rendre un service important à la Guinée.

Peut-être naturalisé sans condition de durée de résidence en Guinée :

- L'enfant mineur resté étranger, bien que l'un de ses parents ait acquis la nationalité guinéenne ;
- Le conjoint et l'enfant majeur d'une personne qui a acquis la nationalité guinéenne ;
- L'enfant dont l'un des parents a perdu la qualité de Guinéen pour une cause indépendante de sa volonté, sauf si ce parent a été déchu de cette nationalité ;
- L'étranger qui, en temps de guerre, a contracté un engagement volontaire dans l'armée guinéenne ou dans des armées alliées, ou qui a servi dans une unité de l'armée guinéenne et à qui la qualité de combattant a été reconnue ;
- L'étranger ayant fait l'objet d'une adoption simple de la part d'un Guinéen ;
- L'étranger qui a rendu des services exceptionnels à la Guinée ou dont la naturalisation présente pour la Guinée un intérêt exceptionnel.

— **L'assimilation** : Nul ne peut être naturalisé s'il ne justifie de son assimilation à la communauté guinéenne, notamment par une connaissance suffisante, selon sa condition, de l'une au moins des langues nationales, de l'histoire, de la culture et de la société guinéenne, ainsi que par l'adhésion aux valeurs et principes essentiels de la République.

La condition relative à la maîtrise de l'une des langues nationales au moins ne s'applique pas aux réfugiés politiques et aux apatrides résidant régulièrement et habituellement en Guinée depuis 15 années au moins et âgés de plus de 70 ans[42].

— **La bonne conduite et l'intégrité** : Nul ne peut être naturalisé s'il n'est pas de bonnes vie et mœurs ou s'il a fait l'objet d'une condamnation supérieure à un an d'emprisonnement non effacée par la réhabilitation.

La naturalisation est accordée par décret après enquête. C'est un pouvoir discrétionnaire de l'État. Il peut accepter ou refuser la demande de nationalité même si les conditions sont remplies.

## C - La perte de la nationalité

La perte de la nationalité est processus par lequel une personne cesse d'être citoyen d'un État. Ce phénomène peut se produire de manière volontaire (1) ou involontaire résultant d'une décision de l'autorité publique (2).

### 1 – La perte volontaire de la nationalité

Peut volontairement perdre la nationalité guinéenne :

— Tout Guinéen vivant à l'étranger qui acquiert volontairement une nationalité étrangère, perd la nationalité guinéenne s'il en fait expressément la déclaration[43].

— Tout Guinéen qui fait usage de sa faculté de répudiation de la nationalité : c'est le cas d'un Guinéen

[42] V. art 96 du Code civil

[43] V. le jugement N°128 rendu par le tribunal de première instance de Kaloum en date du 15 mai 2024 portant renonciation à la nationalité guinéenne

ayant la double nationalité du fait de la différence nationalité de ses parents[44] ou du fait de la nationalité de son conjoint[45].

— Tout Guinéen dont les ascendants à l'égard de qui, il tient par filiation la nationalité, vivent à l'étranger depuis de plus d'un siècle, à moins que ses ascendants et lui-même aient conservé la possession d'état de Guinéens.

— Tout Guinéen qui, en Guinée, se comporte en fait comme le national d'un pays étranger peut, s'il a la nationalité de ce pays étranger, perdre la nationalité.

— Tout Guinéen qui, occupant un emploi dans un service d'un État étranger ou dans une armée étrangère, le conserve, nonobstant l'injonction qui lui en aura été faite par le Gouvernement guinéen d'abandonner cet emploi.

Ces différentes pertes de la nationalité guinéenne sont constatées par une décision de justice.

**2 – La perte de la nationalité par décision de l'autorité publique**

L'individu qui a acquis la qualité de Guinéen peut, par décret, être déchu de la nationalité guinéenne, sauf si la déchéance a pour résultat de le rendre apatride.

Peuvent perdre la nationalité guinéenne par décret les personnes condamnées pour un acte qualifié de crime ou délit contre les intérêts fondamentaux de la Nation guinéenne, les personnes condamnées pour s'être soustraites aux obligations lui incombant au titre de la loi sur le recrutement dans l'armée et celles condamnées en Guinée ou à l'étranger pour un acte qualifié de crime par la loi guinéenne et ayant entraîné une condamnation à une peine d'au moins 5 ans d'emprisonnement.

---

[44] V. art 57 du Code civil

[45] V. art 112 du Code civil

## SECTION 2 : L'ÉTAT CIVIL

De multiples tâches incombent aux municipalités. Parmi ces activités, figure la tenue de l'état civil. Le maire et ses adjoints sont des officiers de l'état civil principal, les officiers des centres secondaires et les agents de déclarations de l'état civil sont nommés par le maire[46]. Dans le cadre de cette mission, ils agissent au nom de l'État sous le contrôle du procureur de la République. Le maire peut déléguer à un ou à plusieurs fonctionnaires assermentés de la Collectivité ayant bénéficié d'une formation requise, les fonctions qu'il exerce en tant qu'officier de l'état civil, pour la réalisation d'actes divers qu'il indique[47].

L'état civil a deux sens : le premier désigne le statut juridique particulier attribué à chaque personne qui découle de sa situation familiale (naissance, mariage, décès). Dans le deuxième sens, l'état civil désigne le service public chargé de l'enregistrement, de l'archivage et de la délivrance des extraits d'actes d'état civil.

Le personnel de l'état civil comprend : les officiers de l'état civil, les agents de l'État civil et les agents de déclaration de l'état civil. Chaque service de l'état civil est dirigé par un officier de l'état civil. Il peut avoir un adjoint, qui est nommé et exerce les mêmes fonctions selon la typologie des communes.

Le service de l'état civil, par l'enregistrement des naissances, reconnaissances, décès…, joue un rôle essentiel à la fois pour chaque individu, mais également pour l'État, les administrations publiques et tous les organismes qui ont besoin de connaitre l'état des personnes, leurs situations personnelles ou familiales. À cette fin, ont été institués les actes d'état civil (P1). Mais si ces actes n'existent pas ou

---

[46] V. l'article 4 de la loi sur l'état civil

[47] V. l'art 13 de la loi sur l'état civil

n'existent plus ou sont prétendus inexacts, il faudra recourir à une action en justice que l'on appelle l'action d'état (P2).

### PARAGRAPHE 1 : LES ACTES DE L'ÉTAT CIVIL

Les actes d'état civil sont des actes solennels dressés en la forme authentique et destinés à conserver l'état d'une personne. Il en existe des plusieurs, dont certains sont fondamentaux (A). Pour la délivrance de ces actes, il faut une déclaration préalable (B) et accomplissement de certaines conditions à défaut de quoi, l'acte sera sanctionné d'irrégularité (C).

#### A - Les principaux actes de l' État civil

Il existe principalement trois (3) actes de l'état civil à savoir : l'acte de naissance (1), l'acte mariage (2) et l'acte de décès (3).

##### 1 – L'acte de naissance

L'acte de naissance est document juridique délivré par un officier de l'état civil[48] sur la base de la déclaration de naissance[49]. Le bulletin de naissance et l'extrait de l'acte de naissance sont les principaux documents qui contiennent l'identité de l'individu, quant à son nom et prénom(s), et ceux de son père et de sa mère, sa date et son lieu de naissance. Des copies sont délivrées gratuitement par l'officier de l'état civil, chaque fois que de besoin, moyennant le paiement d'un timbre fiscal.

D'une manière générale, l'acte de naissance permet d'identifier avec précision les personnes. C'est un instrument de preuve de l'état de la personne et de ses

---

[48] Officier de l'état civil est un autorité publique désignée par loi pour recevoir, conserver les actes de l'état civil et délivrer les copies ou extrait auxquels elle confère l'authenticité.

[49] V. art 3 de la loi sur l'état civil

attributs en vue de pouvoir bénéficier des avantages liés à cet état. Par exemple dans une affaire d'héritage, il est important de prouver que l'on est le fils ou la fille du défunt. On doit produire un acte de naissance pour que soit délivré un jugement d'hérédité. Aussi, pour avoir certains papiers, comme la carte d'identité nationale, il faut produire un acte de naissance ou un jugement supplétif[50] en tenant lieu d'acte de naissance.

**2 – L'acte de mariage**

L'article 3 de la loi portant l'état civil en République de Guinée définit l'acte de mariage comme étant un acte juridique qui atteste de l'union entre un homme et une femme, établi par un officier de l'état civil et servant de preuve à l'existence du mariage. Tout mariage célébré doit être inscrit sur les registres d'état civil. Cette inscription permet aux époux de disposer d'un certificat de mariage qui informe sur l'identité des époux, le régime matrimonial, l'option monogamique ou polygamique.

Le certificat de mariage délivré par l'officier de l'état civil informe sur la situation exacte de chacune des personnes. Particulièrement, il sert de preuve à la situation des mariés et permet de bénéficier des avantages liés à une telle situation (réduction d'impôts, prise en charge médicale, la vocation successorale…).

Le défaut de certificat de mariage est préjudiciable aux époux. Par exemple en cas de divorce, celui-ci ne peut pas être prononcé par le juge à défaut d'un certificat de mariage.

Aujourd'hui, avec la loi L/2023/020/CNT du 25 octobre 2023, portant état civil en République de Guinée, les autorités religieuses et coutumières sont habilitées à délivrer des certificats déclaratifs du mariage des mariages

[50] Le jugement supplétif est une décision d'un tribunal qui ordonne la transcription de la déclaration d'un fait d'état civil survenu hors délai dans un registre de l'état civil de l'année en cours.

qu'elles ont célébrés. Cependant, le certificat déclaratif du mariage célébré par une autorité religieuse ou coutumière ne tient pas lieu d'acte de mariage. Il doit faire l'objet d'une transcription à l'état civil du lieu de la célébration. C'est après cette transcription que l'officier de l'état civil dresse l'acte de mariage.

### 3 – L'acte de décès

L'acte de décès est un acte juridique attestant de la mort d'une personne, délivré par l'officier de l'état civil du lieu du décès, consigné dans les registres de l'état civil. C'est un document délivré par l'officier de l'état civil sur la base de la déclaration de décès dans les conditions fixées par la loi. Lorsqu'une personne meurt, son décès est nécessairement enregistré à l'état civil.

L'acte de décès établit la situation d'une personne décédée. Le certificat de décès[51], délivré par l'officier de l'état civil, sert de preuve pour déclencher la procédure de succession en cas d'héritage.

En dehors de ces trois principaux d'actes de l'état civil cités ci-haut, d'autres actes peuvent être délivrés par l'officier de l'état civil. On peut citer notamment : le certificat d'individualité, le certificat de vie collectif, le certificat de non-remariage, et le livret de famille. Ce dernier qui est le plus important. Au moment de l'établissement de l'acte de mariage, il est remis gratuitement à l'époux un livret de famille portant l'indication de l'identité des époux, la date et le lieu de la célébration du mariage et, le cas échéant, des options souscrites par chacun des époux. La première page est signée par l'officier de l'état civil et par les conjoints. Sur les pages suivantes, sont inscrits les naissances et décès des enfants, les adoptions, les reconnaissances et légitimations

---

[51] Le certificat de décès est un document juridique délivré par un officier de l'état civil sur la base de la déclaration de décès.

d'enfants naturels, le décès ou divorce des époux ou leur séparation de corps.

Le livret de famille, ne présentant aucune trace d'altération et dûment côté par l'officier de l'état civil, fait foi (comme tout autre acte de l'état civil) de sa conformité avec les registres d'état civil jusqu'à inscription de faux. Le livret de famille peut donc valablement attester de certains faits comme le mariage, le décès ou la naissance des enfants. Par exemple, pour apporter la preuve du mariage dans une procédure de divorce, l'époux qui ne dispose pas de son acte de mariage peut introduire sa requête de divorce avec son livret de famille.

NB : En cas de perte d'un livret de famille, les époux peuvent en demander le rétablissement. Le nouveau livret portera la mention « duplicata ».

Ces différents actes de l'état civil peuvent faire l'objet d'une rectification en cas d'erreurs matérielles lors leur rédaction qui est subordonnée à une déclaration préalable.

## B – De la déclaration à l'état civil

La déclaration à l'état civil est action qui consiste à porter à la connaissance de l'état civil une naissance, un décès, un acquiescement au mariage… dans le but d'avoir l'un des différents actes de l'état civil susmentionnés.

### 1. Qui reçoit la déclaration ?

Chaque municipalité dispose trois (3) types de centres d'état civil[52] habilité à recevoir les déclarations d'un fait de l'état civil[53]. Les déclarations sont reçues par l'officier de l'état civil ou son adjoint, les agents de l'état civil et les agents de déclaration. Les centres d'état civil n'ont pas tous

[52] V. art 58 de la loi sur l'état civil

[53] Fait d'état civil est tout événement qui survient tout au long de la vie d'une personne qui nécessite la délivrance d'un acte de l'état civil dans un délai requis.

la même importance. Ainsi, il existe des centres principaux, des centres secondaires et des centres de déclaration de l'état civil[54]. Dans la pratique, les chefs de village ou de quartier reçoivent les déclarations de naissance ou de décès.

Lorsqu'une naissance survient en dehors du territoire national, la déclaration est faite à l'ambassade ou au consulat guinéen du ressort.

En cas de naissance survenue dans un navire ou un aéronef, il en sera dressé acte dans la semaine de l'accouchement sur la déclaration du père s'il est à bord ou de la mère ou de deux témoins pris parmi les officiers du bâtiment ou, à défaut, parmi les hommes de l'équipage.

Si la naissance a lieu pendant un arrêt dans un port, l'acte sera dressé dans les mêmes conditions, lorsqu'il y a impossibilité de communiquer avec la terre ou quand il n'existe pas dans les ports, si l'on est à l'étranger, d'agent diplomatique ou consulaire guinéen investi des fonctions d'officier de l'état civil. Cet acte sera rédigé sur les bâtiments de l'État par le capitaine du navire. Il sera fait mention des circonstances ci-dessus prévues dans lesquelles l'acte a été dressé. L'acte sera inscrit à la suite du rôle d'équipage.

Pour les militaires mobilisés hors territoire national, la déclaration est reçue soit par le commandant de la formation dans les formations de guerre mobilisée, soit par les fonctionnaires de l'intendance dans les quartiers généraux ou états-majors ou soit par les gestionnaires pour le personnel militaire placé sous leurs ordres.

### 2. Qui peut faire la déclaration ?

D'abord, en ce qui concerne la naissance, la déclaration peut être faite par le père, la mère ou toute autre personne ayant un lien de parenté avec l'enfant ou, à défaut par tout

[54] V. art 61 de la loi sur l'état civil

agent de déclaration. La déclaration doit être faite dans un délai de 180 jours suivant l'accouchement. Passer ce délai, l'officier de l'état civil ne peut le relater dans ses registres en vertu d'un jugement supplétif.

Ensuite, s'agissant du mariage, la déclaration est faite par les époux eux-mêmes ou le représentant de l'un d'eux devant l'officier de l'état civil, le chef religieux ou coutumier habilité, en présence de deux témoins[55].

Enfin, s'agissant du décès, les déclarations peuvent être faites par un parent, le conjoint survivant, le premier informé ou l'un au moins des voisins les plus proches, à défaut, l'autorité coutumière ou religieuse du lieu décès, un agent des forces de l'ordre, un membre du corps sanitaire ou toute autre témoin reconnu, peut faire la déclaration s'il est capable de fournir les renseignements exacts et complets sur l'état civil du défunt (nom, prénom, âge, sexe, filiation, profession, époux, épouse). L'acte de décès est établi dans les mêmes conditions que l'acte de naissance. Ainsi, la déclaration doit être faite immédiatement ou dans un délai de 60 jours. À l'expiration de ce délai, l'inscription ne sera possible qu'après la production d'un jugement supplétif, rendu par le tribunal du lieu de décès[56]. Si ce lieu est inconnu ou s'il y a impossibilité à se pourvoir devant le tribunal du lieu de décès, le tribunal compétent sera celui de la résidence du demandeur.

Le refus de déclaration des naissances et des décès est puni d'une amende de 300.000 à 1.000.000 GNF[57]. Tandis que la fausse déclaration est punie d'un emprisonnement de 1 à 5 ans et d'une amende de 3.000.000 à 10.000.000 GNF (**art 265 de la loi sur l'état civil**).

---

[55] V. art 71 de la loi sur l'état civil

[56] V. le jugement supplétif tenant lieu d'acte de décès N°224 rendu par le tribunal de première instance de Kaloum en date du 14 octobre 2024

[57] V. art 256 de la loi sur l'état civil

Une fois qu'il a reçu la déclaration, l'officier de l'état civil procède à la rédaction de l'acte concerné. Il peut arriver que ces actes contiennent des erreurs matérielles qui doivent alors faire l'objet d'une rectification.

### C - De la sanction des irrégularités

La sanction des irrégularités des actes de l'état civil peut atteindre l'auteur de l'acte (1) ou l'acte lui-même (2).

#### 1 – L'auteur de l'acte

La sanction peut atteindre l'auteur de l'acte. Les officiers et les agents de l'état civil peuvent se voir infliger des sanctions disciplinaires, civiles et pénales en cas de négligences ou toutes autres fautes personnelles.

Tout manquement, même involontaire, aux règles relatives à la tenue des registres et à la délivrance des copies, entraîne pour les officiers et les agents de l'état civil, sans préjudice des peines plus fortes prévues par le Code pénal, l'application d'une peine d'emprisonnement de 2 mois à 1 an et d'une amende de 2.000.000 à 10.000.000 GNF[58].

Toute altération, destruction, tout faux dans les actes d'état civil ou leurs copies, toutes inscriptions de ces actes sur une feuille volante et autrement que sur les registres destinés à cet effet, donne lieu à indemnisation des personnes lésées par l'officier de l'état civil.

#### 2 – Les sanctions d'irrégularité de l'acte

Il y a deux situations dans lesquelles l'acte peut être atteint.

En premier lieu, le vice frappant l'acte peut être grave. Par exemple, si l'officier d'état civil n'a pas signé l'acte,

---

[58] V. art 270 de la loi sur l'état

s'il l'a dressé sur une feuille volante et non sur un registre ou si l'un des époux n'a pas signé l'acte de mariage, l'acte sera nul.

En second lieu, le vice peut aussi résulter d'un simple oubli ou d'une simple erreur (faute d'orthographe dans les noms). L'acte régulier n'est pas nul, il doit être rectifié. L'action en rectification d'un acte d'état civil est d'un ordre purement formel : elle tend à rectifier (une erreur matérielle), à compléter (un acte incomplet : oubli d'un prénom), à effacer (une indication inexacte), mais jamais à modifier l'état d'une personne.

La rectification ne peut intervenir que sur injonction du procureur de la République ou sur ordonnance du président de la juridiction compétente. La seule difficulté soulevée par cette procédure est parfois de masquer, sous le couvert d'une rectification, un véritable changement d'état. Or, ce changement d'état suppose une action d'état.

### PARAGRAPHE 2 : L'ACTION D'ÉTAT

L'action d'état est une action en justice qui vise à contester, à préciser ou à modifier l'état d'une personne dans son état civil. L'état d'une personne correspond à l'ensemble des éléments qui définissent son identité juridique, tels que la filiation, le mariage, le divorce, l'adoption ou encore la nationalité.

Elle est différente de l'action qui vise à préciser ou à modifier l'acte d'état civil, qui est une action en rectification. Elle ne concerne que les questions essentielles liées à la personne et à ses relations familiales.

Les actions d'état sont classées en deux grandes catégories : les actions déclaratives d'état (A) et les actions constitutives d'état (B).

### A – Les actions déclaratives d'État

Les actions déclaratives d'état sont des actions judiciaires visant à faire reconnaitre ou constater un état déjà existant, mais qui n'a pas encore été officiellement enregistré ou reconnu juridiquement. Elles ont un caractère déclaratif, c'est-à-dire qu'elles ne créent pas un nouvel état civil, mais viennent constater un état de fait qui existe déjà et qui doit être reconnu légalement.

Il s'agit des actions en reconnaissance de paternité ou en constatation de nationalité.

### B – Les actions constitutives d'État

Les actions constitutives d'état sont des actions judiciaires qui ont pour but de modifier ou de créer un état civil ou une situation juridique nouvelle. Contrairement aux actions déclaratives d'état, les actions constitutives d'état ont un effet transformateur : elles modifient la situation juridique d'une personne en modifiant son état ou en créant un nouvel état.

Il s'agit des actions en divorce, des actions en adoption, des actions en changement de nom, etc.

Après avoir examiné les caractéristiques propres aux personnes physiques, il est important de se tourner vers une autre catégorie de sujet de droit, à savoir les personnes morales.

# TITRE 2 :

# LES PERSONNES MORALES

Une personne morale est un groupement de personnes ou de biens ayant la personnalité juridique, et étant par conséquent titulaire de droits et d'obligations. C'est un être juridique inventé de toutes pièces par les juristes pour lui conférer la propriété du patrimoine constitué par l'ensemble des biens collectés par plusieurs personnes physiques. Le statut de la personne morale est savamment calqué sur celui de la personne physique.

Afin de justifier cette reconnaissance, deux thèses sont envisageables.

Selon une première thèse, la reconnaissance de cette personnalité est le résultat d'une fiction : c'est **la théorie de la fiction**. Cette théorie, soutenue par des auteurs comme Savigny, considère que la personne morale est une pure création artificielle du droit. Selon cette thèse, seules les personnes physiques ont une existence réelle, tandis que les personnes morales n'existent que parce que le droit les reconnait comme telles. En d'autres termes, elles sont des fictions juridiques créées pour faciliter certaines activités économiques ou sociales, mais elles ne possèdent pas de véritable existence en dehors du cadre juridique.

Selon la seconde thèse, cette reconnaissance est la traduction d'une réalité : c'est **la théorie de la réalité**. En opposition à la thèse de la fiction, cette thèse développée par des auteurs comme Jean-Claude Soyer, soutient que les personnes morales existent réellement, indépendamment de la reconnaissance juridique. Selon cette approche, les personnes morales sont des entités réelles qui jouent un rôle actif dans la société et dans l'économie. Le droit ne fait que constater leur existence et leur accorder la personnalité juridique en raison de leur réalité sociale et économique.

Certains groupements sont assez réels, suffisamment effectifs, pour être considérés comme une personne, et donc peuvent avoir la personnalité juridique. Cette position se justifie, car à côté des intérêts individuels, il existe des intérêts généraux bien distincts et parfois contradictoires. Dans le silence de la loi, il faut reconnaître la personnalité juridique à une personne morale, c'est-à-dire à tout groupement pourvu d'une « possibilité d'expression collective ». Cependant il faut limiter cette proposition, car il est faux de prétendre que tous les groupements d'individus « pourvus d'une volonté collective » ont la personnalité juridique. La famille[59] en est l'exemple parfait.

C'est pourquoi on admet généralement que la reconnaissance de la personnalité juridique à une personne morale suppose la réunion de cinq conditions :

— des intérêts collectifs distincts de ceux de ses membres ;

— une volonté collective qui permet la définition de ces intérêts ;

— une organisation qui assure l'expression de cette volonté ;

— une spécialisation (qui caractérise l'intérêt collectif, c'est-à-dire l'objet social de la société) ;

— une durée nécessaire à la réalisation de cet intérêt.

[59] La famille est un groupement où la volonté collective est exprimée par les parents et les enfants, c'est-à-dire dans une logique qui dépasse la seule addition de leurs intérêts individuels, mais qui n'a pas la personnalité juridique.

Enfin, l'État peut toujours limiter les pouvoirs de cette personne morale dans des buts de police, d'économie ou autre.

Seront succinctement abordés dans ce second titre, la diversité des personnes morales (chapitre 1) et le régime juridique des personnes morales (chapitre 2).

# CHAPITRE 1

## LA DIVERSITÉ DES PERSONNES MORALES

La diversité des personnes morales fait référence à la variété des entités juridiques auxquelles l'ordre juridique reconnait la personnalité morale. Il existe trois (3) grandes catégories de personnes morales : les personnes morales de droit public (S1), les personnes morales de droit privé (S2) et les personnes morales de droit mixte (S3).

### SECTION 1 : LES PERSONNES MORALES DE DROIT PUBLIC

Une personne morale de droit public est toute entité créée et contrôlée par un organisme public, exerçant une mission de service public. Ce sont : l'État (P1) et ses démembrements (P2).

#### PARAGRAPHE 1 : L'ÉTAT

L'État est la personne morale par excellence. Il est défini par le droit international public et le droit constitutionnel à partir de ses éléments constitutifs que sont le territoire, la population et la puissance publique. Entendus de manière cumulative, ces éléments conditionnent l'existence d'un État au sens moderne du terme conçu comme une forme d'organisation qui dispose du pouvoir politique absolu (la puissance publique ou la souveraineté), l'exerce à l'intérieur d'un cadre déterminé (le territoire) sur l'ensemble des personnes qui s'y trouvent (population) et qui, considérées de manière objective comme une communauté de personnes liées par des valeurs communes (la langue, la religion, la culture ou l'histoire), composent ce qui est convenu d'appeler la nation. Celle-ci, douée d'une existence objective qui interdit de la confondre avec ses composantes (les individus), en fait une entité abstraite appelant nécessairement une représentation.

Au sens juridique du terme, l'État est une institution (Maurice Hauriou) qui se présente comme une personne morale et dont la particularité est de détenir le pouvoir politique. Comme toute personne morale, son existence est liée à celle d'un statut qui lui confère la personnalité juridique et qui définit son organisation et ses conditions de fonctionnement. La Constitution est le statut de l'État et régit, à ce titre, la vie de ce dernier.

### PARAGRAPHE 2 : LES DÉMEMBREMENTS DE L'ÉTAT

L'État n'est pas la seule personne morale de droit public, il existe à ses côtés d'autres personnes morales de droit public que sont en premier lieu, les circonscriptions territoriales à savoir, les régions, les préfectures, les communes, les communautés rurales de développement (C.R.D), les quartiers et districts. Et en second lieu, il existe des établissements publics qui sont des services publics autonomes ayant un budget propre, tels que les universités, les hôpitaux publics, etc.

## SECTION 2 : LES PERSONNES MORALES DE DROIT PRIVÉ

Elles sont les plus nombreuses ; elles sont soumises aux règles de droit privé, et se subdivisent en deux catégories : il peut s'agir de groupements de personnes (P1) ou de masses de biens (P2).

## PARAGRAPHE : 1 : LES GROUPEMENTS DE PERSONNES

Traditionnellement, le Droit guinéen ne connaissait que deux types de groupements de personnes comportant la personnalité morale en dehors de l'Etat et ses démembrements : les sociétés qui recherchent le profit (A), les associations qui ont des fins désintéressées (B). Aujourd'hui, avec l'adhésion de la Guinée à l'OHADA[60], l'acte uniforme OHADA relatif au droit des sociétés commerciales et du groupement d'intérêt économique en a rajouté un troisième ; les groupements d'intérêt économique (C).

### A — Les groupements à but lucratif

Ce sont les sociétés commerciales (1) et les sociétés civiles (2), dont le but est la recherche et le partage de bénéfices entre leurs membres appelés associés.

#### 1— Les sociétés commerciales

La société est instituée par deux ou plusieurs personnes qui conviennent, par un contrat, d'affecter à une entreprise commune des biens ou leur industrie en vue de partager le bénéfice ou de profiter de l'économie qui pourra en résulter[61].

Les sociétés jouissent de la personnalité morale à compter de leur immatriculation au registre du commerce

---

[60] L'OHADA (Organisation pour l'Harmonisation en Afrique du Droit des Affaires) est une organisation intergouvernementale créée en 1993, ayant pour objectif principal l'harmonisation du droit des affaires dans les pays membres africains. Elle a été fondée par le traité de Port-Louis, signé le 17 octobre 1993 à l'île Maurice, et est entrée en vigueur en 1995. Son but est de promouvoir la sécurité juridique et judiciaire pour les activités économiques et commerciales à travers l'Afrique en mettant en place un cadre juridique commun.

[61] Article 4 de l'acte uniforme de l'OHADA relatif aux sociétés commerciales et au groupement d'intérêt économique.

et du crédit mobilier[62]. Une catégorie particulière de sociétés commerciales est privée de la personnalité morale ; ce sont les sociétés en participation[63].

En principe, les sociétés commerciales ont pour objet le commerce, elles réalisent des actes de commerce. Toutefois, il est aussi possible qu'une société soit commerciale par sa forme, c'est-à-dire qu'elle est commerciale parce qu'elle a la forme de l'une des sociétés commerciales possibles prévues par l'OHADA.

On peut classer les différentes sociétés commerciales en deux grandes catégories : les sociétés de personnes et les sociétés de capitaux. La différence entre ces deux catégories est que dans la société de personnes, les membres de la société ont choisi de s'associer en considération de la personnalité des autres. Dès lors, les parts sociales ne sont pas librement cessibles. Inversement, dans les sociétés de capitaux, peu importe la personnalité de celui qui apporte les capitaux. Les actions, qui sont des divisions du capital de ces sociétés, sont donc librement cessibles.

Il existe différentes catégories de sociétés de personne :

— Les sociétés en nom collectif (SNC) sont la forme la plus classique de société de personnes. Dans ces sociétés, les associés sont tenus solidairement et indéfiniment du passif sur leurs biens personnels.

— Les sociétés en commandite simple (SCS) sont une société hybride qui combine des éléments des sociétés de personnes et des sociétés de capitaux. Dans ces sociétés, les associés commandités sont tenus solidairement et

---

[62] Article 1842 du Code civil ; article 98 de l'acte uniforme de l'OHADA relatif aux sociétés commerciales et au groupement d'intérêt économique.

[63] Article 854 de l'acte uniforme de l'OHADA relatif aux sociétés commerciales et au groupement d'intérêt économique.

indéfiniment du passif, et les associés commanditaires ne sont tenus que dans la limite de leurs apports.

— Les sociétés à responsabilité limitée (SARL), dans cette société, les associés ne sont tenus des dettes que dans la limite de leurs apports.

Il existe également différentes catégories de sociétés de capitaux qu'on appelle aussi société par actions :

— les sociétés anonymes (SA) sont la forme la plus courante des sociétés de capitaux dans l'espace OHADA, et elle est généralement adoptée pour les entreprises de grande envergure. Dans ces sociétés, les associés ne sont tenus que dans la limite de leurs apports.

— les sociétés par action simplifiée (SAS) sont la forme de société qui offre une grande flexibilité en termes d'organisation et de gestion. Tout comme les SA, les associés ne sont tenus que dans la limite de leurs apports.

— la société à responsabilité limitée (SARL) est considérée comme une société des capitaux en raison de la responsabilité limitée de ses associés et de sa structure de capital bien sa gestion rappelle les sociétés de personnes.

NB : la SARL est une société hybride qui combine des caractéristiques à la fois des sociétés de personnes et des sociétés de capitaux. C'est pourquoi, nous l'avons cité parmi les deux différents groupes de sociétés.

### 2— Les sociétés civiles

La société civile, au sens de l'article 1544 du Code civil, est le contrat par lequel deux ou plusieurs personnes mettent en commun des apports et constituent une personne morale pour les exploiter et se partager les profits ou les pertes qui résulteront de cette activité.

Elle se caractérise par la non-exigence d'un écrit comme condition de sa validité et n'est pas à confondre avec la société civile entendue comme l'ensemble des acteurs, des associations et des organisations plus ou moins formelles, ayant un caractère non gouvernemental et non lucratif et qui, le plus souvent, s'exprime librement sur les problèmes de la Nation.

On les rencontre dans le domaine immobilier (les sociétés civiles immobilières – SCI – ont pour objet social la seule construction d'immeubles), mais aussi, et surtout, il s'agit de la forme sociétaire utilisée par de nombreux professionnels pour l'exercice de leur activité libérale (ce sont les sociétés civiles professionnelles – SCP – de médecins, de notaires, d'avocats).

Comme pour les sociétés de personnes, les associés répondent indéfiniment des dettes sociales (mais leurs dettes ne sont pas solidaires)[64]. Cependant, malgré cette définition, il est difficile de nos jours de faire une distinction entre les sociétés civiles et les sociétés commerciales.

Tout d'abord, lorsque la société civile adopte la forme d'une société commerciale (S.A.R.L, par exemple), elle est soumise aux règles des sociétés commerciales. Ensuite la distinction tend à s'estomper du fait que le statut des sociétés civiles et des sociétés commerciales se rapproche. Enfin, elles sont soumises les unes et les autres aux procédures collectives de l'OHADA en cas de cessation des paiements.

### B — Les groupements à but non lucratif

Il s'agit de groupements de personnes physiques dont le but est autre que la recherche de profit tel est le cas des associations (1) et des syndicats professionnels (2).

#### 1— Les associations

Les associations à but non lucratif sont régies par la loi L/013/AN du 04 juillet 2005 relative aux associations à

---

[64] V. art 1564 du Code civil

but non lucratif et apolitique. Aux termes de cette loi, les membres d'une association sont liés par un contrat d'association. Un contrat d'association est une convention selon laquelle deux ou plusieurs personnes mettent en commun leurs activités et, au besoin, certains de leurs biens dans un but déterminé autre que le partage de bénéfices[65].

La liberté d'association est une liberté fondamentale reconnue par différents textes, dont la Charte de la transition. Les associations déclarées auprès des autorités compétentes sont des personnes morales. Il en est de même des associations reconnues d'utilité publique par décret (celles-ci ont une capacité juridique moins limitée en raison de leur utilité publique). En revanche, une association non déclarée, si elle est parfaitement légale (liberté d'association), est dépourvue de personnalité morale.

### 2— Les syndicats professionnels

Les syndicats professionnels ont exclusivement pour objet l'étude et la défense des droits, ainsi que des intérêts matériels et moraux, tant collectifs qu'individuels, des personnes mentionnées dans leurs statuts.

Les professions libérales où les exploitants indépendants n'employant pas de personnel peuvent librement constituer des syndicats professionnels de leur choix dans les secteurs d'activités et les secteurs géographiques qu'ils déterminent[66].

Tout syndicat ou groupement de syndicats régulièrement constitué a, la personnalité juridique. Il a le droit d'acquérir sans autorisation, à titre gratuit ou à titre onéreux, des biens, meubles ou immeubles et il peut en disposer librement. Les biens meubles ou immeubles nécessaires au fonctionnement des syndicats ou des groupements de

---

[65] V. art 1604 du Code civil

[66] V. art 311.1 du code du travail

syndicats et aux réunions de leurs membres sont insaisissables.

Ce sont des associations qui ont pour objet la défense d'intérêts professionnels. L'octroi de leur personnalité s'obtient par une simple déclaration à la mairie. Les syndicats sont certainement les associations qui ont la personnalité juridique la plus étendue :

— ils peuvent agir en justice pour la défense de l'intérêt collectif de la profession ;

— ils peuvent acquérir librement des immeubles ;

— leur patrimoine est insaisissable (les créanciers d'un syndicat ne peuvent faire vendre les biens de celui-ci, ce qui rend difficile l'exécution des condamnations prononcées contre ce dernier)[67].

### C- Les groupements d'intérêt économique

Ce sont des personnes morales constituées par des personnes physiques et/ou morales dont l'objet est de faciliter l'activité économique de leurs membres grâce à une collaboration entre eux. Ainsi, plusieurs entreprises peuvent collaborer pour créer un laboratoire de recherche par exemple.

D'après l'article 869 de l'Acte uniforme du 30 janvier 2014 relatif au droit des sociétés commerciales et du groupement d'intérêt économique « Le groupement d'intérêt économique est celui qui a pour but exclusif de mettre en œuvre pour une durée déterminée, tous les moyens propres à faciliter ou à développer l'activité économique de ses membres, à améliorer ou à accroître les résultats de cette activité. ».

Il s'agit là de formes modernes de groupements qui poursuivent un but économique ponctuel, mais ne cherchent pas à faire de bénéfices.

---

[67] V. art 323.1 du Code du travail

Les sociétés, les associations, les syndicats et les G.I.E sont des groupements de personnes ayant la personnalité morale. On retrouve à leurs côtés des masses de biens ayant également la personnalité morale.

### PARAGRAPHE 2 : LES MASSES DE BIENS

En principe, seules les personnes peuvent avoir un patrimoine. À côté de ce principe fondamental qui procède de la théorie du patrimoine, on relève un certain nombre de situations dans lesquelles une masse de biens peut se voir conférer une certaine personnalité.

Les masses de biens pouvant être considérées comme personne morale sont de deux, à savoir : les fondations (A) et les syndicats de copropriété (B). D'autres masses de biens, la majorité et les plus importantes, ne disposent pas de la personnalité morale : c'est le cas notamment des indivisions, de la communauté de biens...

#### A — Les fondations

La fondation est une masse de biens affectés à perpétuité, par la volonté d'une personne qui est le fondateur, à une œuvre d'intérêt général et désintéressée. C'est l'affectation des biens à une œuvre d'intérêt général qui justifie l'octroi de la personnalité morale à la fondation.

Ces biens proviennent de libéralités, c'est-à-dire de donations ou de legs. La fondation n'a pas de sociétaires, d'assemblée générale ou de cotisations comme c'est le cas pour les sociétés ou les associations.

Exemple : la fondation KPC pour humanitaire, la fondation Binta Ann pour les enfants et les femmes…

Ces fondations sont constituées dans l'intérêt de tiers.

### B — Le syndicat de la copropriété

Le syndicat de la copropriété est une collectivité regroupant les copropriétaires d'un immeuble. Il est chargé de la gestion et de la conservation des parties communes d'une copropriété dans un immeuble bâti.

En apparence, ce sont des groupements de personnes ; en fait, ceux-ci ne participent au syndicat qu'en raison de leur qualité de propriétaire. Il s'agit donc, plutôt, d'une masse de biens personnalisée. La personnalité de ces groupements est faible. Leur principal avantage est d'assurer l'organisation qui facilite la gestion de la copropriété.

C'est une personne morale de droit privé. Il peut agir en justice et souscrire des contrats. Ces décisions sont prises en assemblée générale réunie sur convocation du syndic de la copropriété.

## SECTION 3 : LES PERSONNES MORALES DE DROIT MIXTE

Les personnes morales de droit mixte sont des entités juridiques qui combinent des caractéristiques à la fois de droit public et de droit privé. Elles sont créées dans le but de remplir des missions d'intérêt général, mais fonctionnent sous des règles qui relèvent en partie du droit privé. Leur spécificité réside dans la collaboration entre des acteurs publics (comme l'État ou les collectivités locales) et des acteurs privés. Elles agissent souvent dans des secteurs stratégiques, où l'intervention de l'État est nécessaire, tout en permettant la participation du secteur privé.

Elles sont principalement au nombre de deux catégories, à savoir : les entreprises publiques à capital mixte (P1) et les ordres professionnels (B).

## A – Les entreprises publiques à capital mixte

Les entreprises publiques à capital mixte aussi appelées sociétés d'économie mixte font référence au service public à caractère industriel et commercial (SPIC) ce sont des entités qui associent des capitaux publics et privés, avec pour mission de réaliser des projets d'intérêt public.

Elles sont soumises à la fois aux règles du droit public pour certaines de leurs activités (notamment en matière de régulation et de contrôle) et aux règles du droit privé pour d'autres (comme les relations commerciales, l'embauche de personnel, etc.).

Elles évoluent souvent les domaines de distribution d'eaux (SEG), d'électricité (EDG), dans les transports en commun ou encore la gestion des parkings publics.

Dans l'état actuel du droit guinéen, les sociétés d'économie mixte sont toutes les sociétés dans lesquelles l'État guinéen participe au moins pour 25% du capital social[68]. Ces sociétés sont soumises aux mêmes obligations que les entreprises privées.

## B – Les ordres professionnels

Les ordres professionnels sont des organisations créées pour réguler l'exercice de certaines professions spécifiques. Ils sont chargés de veiller au respect des règles déontologiques, à la qualité des prestations fournies par les membres, et à la protection du public.

Ils sont régis à la fois par le droit public et le droit privé. Leur création, leur mission de régulation, et leur autorité disciplinaire relèvent du droit public. Tandis que leur gestion interne, leur autonomie financière, et leurs relations avec les employés ou prestataires sont régies par le droit privé.

---

[68] V. article 25 de la loi sur les sociétés d'économie mixte en Guinée

On peut citer comme exemples d'ordres professionnels, l'ordre des avocats, l'ordre des médecins, l'ordre des experts-comptables, etc.

Les personnes morales, telles qu'elles peuvent être présentées dans leur diversité, en dépit de leurs différences, une certaine similarité de régime peut être observée à leur égard.

# CHAPITRE 2

## LE RÉGIME JURIDIQUE DES PERSONNES MORALES

Le régime juridique des personnes morales détermine les règles et obligations qui les encadrent. De la même manière que les personnes physiques naissent, vivent et meurent, les personnes morales se créent (S1), fonctionnent (2) et disparaissent (S3).

### SECTION 1 : LA CONSTITUTION DES PERSONNES MORALES

Les personnes morales peuvent être constituées de deux manières. D'abord, pour des raisons d'intérêts publics, il y a les personnes morales créées *par une* loi d'origine étatique. Ensuite, il y a des personnes morales constituées sur l'initiative des intéressés, par la volonté privée, bien entendu, conformément à la loi les régissant.

Au regard de ce qui précède, on comprend qu'il y a les personnes morales créées par l'intervention de l'État (Paragraphe 1) et celles qui naissent suivant la volonté individuelle (Paragraphe 2).

#### PARAGRAPHE 1 : LES PERSONNES MORALES CRÉÉES PAR L'ÉTAT

La création des personnes morales de droit public est, en général très simple, voire facile. Il suffit que le pouvoir public intéressé prenne un acte conforme à la loi pour créer l'institution envisagée.

L'institution de ces personnes répond à un souci de satisfaire, en principe, un intérêt public. Également, il faut ajouter que la mise en place d'une personne morale publique nécessite une certaine publicité. Cette publicité se fait par insertion de l'acte de création dans le journal officiel de la république. Si cette forme de publicité est simple et facile n'en est pas de même pour les personnes morales créées par la volonté privée.

### PARAGRAPHE 2 : LES PERSONNES MORALES CRÉÉES PAR LA VOLONTÉ PRIVÉE

En principe, la création d'une personne morale comporte à l'origine un acte de volonté. La volonté des membres de la personne morale se manifeste par un contrat constitutif des « statuts » de la personne morale, auxquels il faut ajouter les résolutions d'associés et les pactes d'actionnaires pour les sociétés commerciales.

Ces statuts doivent être rédigés conformément à l'Acte uniforme portant droit des Sociétés commerciales et du Groupement d'intérêt économique du 30 Janvier 2014. Mais le fait d'avoir les statuts ne confère pas automatiquement au groupement la personnalité morale, il faut accomplir les formalités de publicité.

Pour ce qui est des groupements à but non lucratif, il faut seulement un règlement intérieur pour leur constitution.

Pour que ces groupements acquièrent la personnalité morale, il faut l'accomplissement des formalités de publicité.

Lorsqu'il s'agit des sociétés commerciales, il faut immatriculer le groupement au registre du Commerce et du Crédit mobilier (RCCM). Quant aux groupements à but non lucratif, il faut avoir l'agrément du ministère de l'Administration du Territoire.

En France, la déclaration préalable à la préfecture ou à la sous-préfecture suffit pour conférer à l'association une certaine personnalité civile incomplète, mais non négligeable. Pour que l'association obtienne la pleine personnalité, elle doit être reconnue d'utilité publique.

## SECTION 2 : LE FONCTIONNEMENT DES PERSONNES MORALES

Nous étudierons d'abord les attributs des personnes morales (P1), puis l'activité juridique des personnes morales (P2).

### PARAGRAPHE 1 : LES ATTRIBUTS DES PERSONNES MORALES

Il faut envisager les attributs patrimoniaux (A) et extrapatrimoniaux (B) des personnes morales.

#### A - Les attributs patrimoniaux des personnes morales

Un trait fondamental caractérise les personnes morales : c'est l'existence d'un patrimoine appartenant au groupement et indépendant du patrimoine de chacun des associés. C'est l'application traditionnelle de la règle selon laquelle "toute personne (même morale) a un patrimoine". La conséquence de cette situation est que les dettes de la personne morale ne sont pas les dettes de ses membres et que les créanciers de la société, qui sont les créanciers sociaux, ne peuvent pas poursuivre le paiement de leurs créances sur le patrimoine personnel des associés.

Cependant, nous le savons, les membres des sociétés civiles professionnelles ou des sociétés en nom collectif sont tenus des dettes de la société.

### B — Les attributs extrapatrimoniaux des personnes morales

Le Droit reconnaît à la personne morale les attributs de la personne physique ; ainsi, comme la personne physique, la personne morale a :

— Une dénomination sociale ; c'est le nom de la personne morale. Toute personne morale a un nom. Ce nom, qu'on appelle « dénomination sociale » est fixé par les statuts. Il peut être choisi librement. Il peut être tiré du but poursuivi par le groupement, du nom patronymique de certains dirigeants, il peut même être une qualification de fantaisie.

À la différence du nom patronymique, ce n'est pas une institution de police civile. Dès lors, il peut être librement modifié, car il n'y a pas ici d'immutabilité du nom. Mais, comme pour les personnes physiques, il est protégé notamment contre les usurpations s'il y a risque de confusion ou de concurrence déloyale.

— Un siège social ; c'est le domicile de la personne morale. Toute personne morale a un domicile que l'on appelle le « siège social ». Nous avons vu qu'il n'avait pas en la matière la même règle d'unité du domicile que celui des personnes physiques (v. supra la théorie dite "des gares principales").

— Une nationalité qui permet de savoir la loi qui lui est applicable ; cette nationalité est déterminée par le lieu où est fixé le siège social de la personne morale.

— Enfin la personne morale un honneur qu'elle ne peut faire respecter en agissant en diffamation. La jurisprudence nous offre des exemples de sociétés qui agissent en diffamation contre des journaux satiriques.

Ayant observé les attributs patrimoniaux et extrapatrimoniaux des personnes morales, il faut maintenant s'attacher à observer comment ces attributs seront défendus en justice.

### PARAGRAPHE 2 : L'ACTIVITÉ JURIDIQUE DES PERSONNES MORALES

Cette activité ne saurait être strictement identique à celle des personnes physiques. Cette différence se manifeste sur le plan de l'expression de la volonté (A) et de la capacité (B) des personnes morales.

#### A – Les règles spécifiques à l' expression de la volonté des personnes morales

À l'inverse d'une personne physique, une personne morale ne peut faire elle-même des actes juridiques. Elle doit donc être représentée. Les organes représentatifs de la personne morale qui agiront en son nom sont de deux types.

Les premiers sont des organes délibérants qui revêtent généralement la forme d'assemblées générales. Leur rôle est de prendre les décisions les plus importantes concernant la vie de la personne morale (ex. : transformation, dissolution, vote du budget annuel...).

Les seconds sont des organes exécutifs dont le rôle est d'assurer l'exécution des décisions prises par les organes délibérants. Ces organes revêtent des formes variées selon le type de personne morale. Dans les sociétés de personnes, on parle du gérant ; dans les S.A, on parle du conseil d'administration qui, à son tour, délèguera une partie de ses pouvoirs à un bureau, avec à sa tête un président (P.D.G.). Ces personnes ont la qualité de représentant légal de la personne morale.

#### B – Les règles spécifiques à la capacité des personnes morales

En principe, toute personne physique a la pleine capacité de jouissance. Au contraire, la capacité des personnes morales est limitée par le principe dit de "spécialité". Selon ce principe, chaque groupement doit cantonner ses activités juridiques à la réalisation exclusive du but qu'il s'est assigné dans ses statuts. Ce but représente l'objet social de la personne morale.

Mais si mince soit cette capacité, elle permet à la personne morale d'accomplir des actes juridiques, comme le font les personnes physiques. Ainsi la personne morale peut contracter : par exemple, elle peut louer un local pour abriter son siège social ou pour accomplir son activité de production ou de distribution de richesses.

Elle peut conclure un contrat pour engager des travailleurs à travailler pour son compte. Elle peut acheter du matériel d'exploitation, des matières premières et vendre en retour des produits finis, des marchandises.

La capacité juridique permet à la personne morale de défendre ses intérêts devant les tribunaux : elle peut intenter une action en justice et, à l'inverse, être poursuivie en justice.

En claire, la capacité juridique qui permet à la personne morale, comme le fait la personne physique, d'accomplir quotidiennement des actes juridiques.

## SECTION 3 : LA DISPARITION DES PERSONNES MORALES

À l'inverse des personnes physiques qui sont mortelles, une personne morale a vocation à la perpétuité. Mais la personne morale est cependant appelée à disparaître. Nous allons analyser les causes (P1) et effets (P2) de cette disparition.

### PARAGRAPHE 1 : LES CAUSES DE LA DISPARITION DES PERSONNES MORALES

Il y a des causes de disparition qui sont en quelque sorte naturelles autrement appelées ''**les causes normales**''. Il en est ainsi de l'arrivée du terme fixé dans les statuts pour la durée du groupement, ou bien lorsque l'objet pour lequel le groupement s'était constitué est atteint ou achevé, ou bien encore lorsque l'ensemble des membres du groupement décide d'un commun accord de le dissoudre.

Il y en est d'autres causes de disparition que l'on peut qualifier d'accidentelles qui sont aussi appelées ''**les causes anormales**''. Il en est ainsi chaque fois que la personne morale disparaît du fait de l'autorité publique. Il peut s'agir d'une décision administrative retirant la reconnaissance d'utilité publique à une association, ou bien d'une décision judiciaire qui annule ou dissout une société.

### PARAGRAPHE 2 : LES EFFETS DE LA DISPARITION DES PERSONNES MORALES

Quand une personne morale disparaît, le problème essentiel qui se pose est de savoir ce que l'on va faire de son patrimoine, c'est-à-dire de ses biens.

Pour les sociétés, il n'y a pas de difficultés. On commence par payer les dettes de la société, s'il reste un actif (boni de liquidation), il est partagé entre les associés.

Pour les associations, le problème est plus difficile. Ce sont, en principe, les statuts qui prévoient la destination du patrimoine en cas de dissolution. En fait, il est le plus souvent transféré à une association voisine poursuivant un but analogue.

Pour les fondations, il n'y a qu'une solution : les biens font retour au fondateur et, à défaut, passent à ses héritiers.

Après avoir examiné les caractéristiques des personnes dans leurs diversités, il est essentiel de se pencher sur les incapacités qui peuvent influencer leur vie quotidienne.

# SECONDE PARTIE :

# LES INCAPACITÉS DES PERSONNES PHYSIQUES

Toute personne physique ou morale dispose de la personnalité juridique, c'est-à-dire que toute personne physique ou morale est apte à être titulaire de droits et à pouvoir les mettre en œuvre. Les personnes peuvent à cet effet acheter, vendre, louer, emprunter, prêter, donner, recevoir un don, recevoir un legs, etc.

Tout cela a une influence sur le patrimoine d'une personne et certains actes sont particulièrement dangereux pour ce patrimoine. Ils imposent donc une certaine conscience de leur importance. Si la capacité est de principe, l'incapacité d'une personne permettra alors d'assurer la protection de certaines personnes plus faibles.

Si toutes les personnes physiques sont égales en droit, c'est-à-dire ont l'aptitude à posséder les divers droits privés et à les exercer, il en est qui sont privées de certains droits. Cette catégorie d'individus concerne les personnes incapables ou frappées d'incapacité. Il s'agit précisément des mineurs et des majeurs incapables. Mais avant d'aborder LA CONDITION JURIDIQUE DES INCAPABLES (Titre 2), nous allons d'abord étudier LA NOTION D'INCAPACITÉ (Titre 1).

# TITRE 1

# LA NOTION D'INCAPACITÉ

La capacité est l'aptitude qu'a une personne à être sujet de droits et d'obligations ; c'est le fait pour une personne d'être apte à acquérir des droits, à en jouir et à les exercer. C'est la négation de cette capacité qui est appelée l'incapacité.

L'incapacité est une notion à circonscrire, car elle recouvre plusieurs domaines. Elle se définit comme l'impossibilité de manifester une volonté autonome, libre et éclairée, créatrice de droits. Ainsi, la personne majeure ne disposant pas de toutes ses capacités mentales et le mineur ont en commun une inaptitude à pouvoir administrer leur patrimoine et/ou prendre soin d'eux. Ils sont incapables.

Cette notion a pour but d'apporter une protection aux personnes vulnérables susceptibles de mettre leur patrimoine et, parfois, elles-mêmes en danger.

Nous allons étudier dans ce présent titre, les causes de cette incapacité et son étendue (chapitre 1) ainsi que le degré d'incapacité et les techniques de protection (chapitre 2).

# CHAPITRE 1

## LES CAUSES DE L'INCAPACITÉ ET L'ÉTENDUE DE L'INCAPACITÉ

Il existe différentes causes qui empêchent un individu de pouvoir mettre, lui-même, en œuvre ses droits. Ces différentes causes d'incapacité n'ont pas les mêmes effets sur la capacité. C'est pourquoi, après l'étude de ces causes d'incapacité (S1), nous étudierons l'étendue de l'incapacité (S2).

### SECTION 1 : LES CAUSES D'INCAPACITÉ

Les causes d'incapacité permettent de distinguer les incapacités de protection (P1) des incapacités de défiance (P2).

#### PARAGRAPHE 1 : L'INCAPACITÉ DE PROTECTION

Les incapacités de protection sont instituées pour protéger un individu aussi bien contre lui-même que contre les tiers. Elle vise à garantir leur protection et fournir l'assistance nécessaire.

Elle concerne les individus qui ne peuvent pas exercer pleinement leurs droits en raison de leur âge (les mineurs et les vieillards), état mental ou situation corporelle (les aliénés par exemple).

### PARAGRAPHE 2 : L'INCAPACITÉ DE DÉFIANCE OU DE SUSPICION

L'incapacité de suspicion est une défiance que la société éprouve à l'égard d'une personne et conduit à la frapper d'incapacité. Une telle incapacité concerne l'interdiction légale qui frappe tous les individus condamnés à la réclusion ou à la détention criminelle.

Elles ont pour but non pas de protéger l'incapable, mais de sanctionner des interdits. Par exemple de l'empêcher d'agir, soit à titre de sanction (ex. : l'interdit légal à la suite d'une condamnation à une peine afflictive et infamante), soit pour protéger les tiers qui pourraient contracter avec lui (ex. : un médecin ne peut pas hériter de son malade, dans l'intérêt de ce dernier).

## SECTION 2 : L'ÉTENDUE DE L'INCAPACITÉ

Les incapacités s'étendent sur la capacité de jouissance et la capacité d'exercice. L'aptitude à être titulaires de droits est appelée la **capacité de jouissance.** Et l'aptitude d'une personne à mettre elle-même en œuvre ses droits et exécuter ses obligations, c'est la **capacité d'exercice.**

Lorsque ces deux types de capacité sont atteints par l'incapacité, on parle d'incapacité de jouissance (P1) et d'incapacité d'exercice (P2).

### PARAGRAPHE 1 : L'INCAPACITÉ DE JOUISSANCE

L'incapacité est dite de jouissance lorsque la personne qui en est frappée est inapte à être titulaire d'un ou plusieurs droits. Elles sont les plus complètes, elles privent l'incapable de certains droits ou de certaines activités juridiques. Elles sont cependant assez rares.

Exemples : L'interdiction pour un mineur de faire une donation ; interdiction pour un officier du culte ou un médecin de recevoir des legs de leur malade.

Dans notre droit, l'incapacité de jouissance ne peut jamais être générale : cela reviendrait à priver une personne de la personnalité juridique (c'était le système de la mort civile[69]), les incapacités de jouissance ne peuvent être que spéciales.

### PARAGRAPHE 2 : L'INCAPACITÉ D'EXERCICE

L'incapacité est dite d'exercice lorsque la personne qui en est frappée est inapte à mettre elle-même en œuvre (ou exercer) certains droits dont elle demeure titulaire. L'incapacité d'exercice signifie que la personne concernée est titulaire de droits ; mais la loi met des restrictions à l'exercice par elle-même desdits droits. Ainsi, un mineur peut être propriétaire ou créancier ; il a, à cet égard, la capacité de jouissance. Mais il ne peut pas mettre lui-même en œuvre les prérogatives afférentes à ces droits ; il faut qu'une autre personne les exerce pour lui. Il lui est donc méconnue la capacité d'exercice.

Les incapacités d'exercice n'empêchent pas l'incapable de disposer de certains droits, mais l'empêchent simplement de les mettre en œuvre.

L'incapable pourra faire certains actes juridiques, mais selon des techniques particulières de protection.

[69] La mort civile est une notion juridique ancienne qui désignait la perte totale des droits civils d'une personne, la rendant ainsi incapable de jouir de ses droits et de ses biens comme si elle était décédée.

# CHAPITRE 2

## LE DEGRÉ DE L'INCAPACITÉ ET LES TECHNIQUES DE PROTECTION

L'incapacité, quelle qu'en soit la cause ou son étendue, les degrés varient (S1) et les techniques de protection ne sont pas les mêmes (S2).

### SECTION 1 : LE DEGRÉ DE L'INCAPACITÉ

Il y a plusieurs degrés d'incapacité selon l'état ou la situation de l'incapable considéré.

Il s'agit, tout d'abord, d'actes juridiques et non de faits juridiques. Il est, en effet, aujourd'hui, de principe, dans notre droit, qu'un individu s'engage par ses délits et ses quasi-délits. Le degré d'incapacité dépend de la gravité des actes à accomplir.

Parmi les actes juridiques patrimoniaux, on distingue selon leur gravité : les actes conservatoires et les actes d'administration (P1) ainsi que les actes de disposition (P2).

#### PARAGRAPHE 1 : LES ACTES CONSERVATOIRES ET LES ACTES D' ADMINISTRATION

Les **actes conservatoires** sont des actions prises pour protéger et préserver les biens de l'incapable contre des risques spécifiques ou des dommages potentiels. Ils visent à éviter que le patrimoine ne se détériore ou ne subisse des pertes. Ils ne portent pas atteinte à la consistance du patrimoine (les réparations, les entretiens, etc.).

Les **actes d'administration** sont des actes réguliers et courants effectués pour gérer et maintenir le patrimoine de l'incapable sans le modifier substantiellement. Ils sont indispensables pour la gestion quotidienne des biens (location d'un bien, vente des fruits provenant d'un bien de l'incapable).

### PARAGRAPHE 2 : LES ACTES DE DISPOSITION

Les actes de disposition, enfin, sont les plus graves : ils portent atteinte à la consistance du patrimoine et, fréquemment, font sortir un bien de celui-ci. Ce sont des actes qui modifient de manière substantielle le patrimoine de l'incapable, qu'il s'agisse de biens physiques ou de droits.

Contrairement aux actes conservatoires et aux actes d'administration, les actes de disposition entraînent des changements importants dans la composition ou la valeur du patrimoine.

Il s'agit de la vente, de la donation, des testaments, des hypothèques, etc.

Selon le degré d'incapacité, ce seront simplement les actes de disposition et les actes d'administration qui seront interdits à l'incapable.

## SECTION 2 : LES TECHNIQUES DE PROTECTION

Il y a trois procédés essentiels de protection susceptibles d'être utilisés en matière d'incapacité d'exercice. Il y'a d'abord la représentation (P1), ensuite l'assistance et l'autorisation (P2).

### PARAGRAPHE 1 : LA REPRÉSENTATION

La représentation est un concept qui permet à une personne (le représenté) d'agir par l'intermédiaire d'une autre personne (le représentant) pour accomplir des actes en son nom. Elle dessaisit totalement l'incapable (le représenté) au profit d'une personne (le représentant) qui agit en ses lieux et place. C'est le procédé le plus radical. Il est utilisé pour les incapables dont les facultés sont les plus faibles et pour les actes les plus graves (ex. : mineurs ou aliénés représentés par un tuteur).

### PARAGRAPHE 2 : L'ASSISTANCE ET L'AUTORISATION

L'assistance permet à l'incapable d'agir lui-même, mais à la condition d'être assisté par une personne présente à ses côtés (exemple du majeur en curatelle assisté d'un curateur). C'est un procédé plus souple.

L'autorisation est un procédé qui implique un accord préalable, même si l'incapable est seul quand il agit (ex. : mineur qui passe un contrat de mariage avec l'autorisation de ses parents).

Les personnes frappées d'incapacité d'exercice sont essentiellement les mineurs et quelques majeurs.

La notion d'incapacité, qu'elle soit liée à des motifs de protection, défiance ou autres causes, ne se limite pas à une simple description des restrictions imposées. Elle entraine des conséquences juridiques spécifiques qui modifient la manière dont les personnes incapables peuvent exercer leurs droits et obligations.

Ainsi, après avoir exploré les différentes dimensions de la notion d'incapacité, nous allons nous pencher sur la condition juridique des incapables pour comprendre pleinement les implications pratiques et légales de ces limitations.

# TITRE 2

# LA CONDITION JURIDIQUE DES INCAPABLES

La condition juridique des incapables renvoie à la manière dont le droit traite les personnes qui, en raison de leur incapacité, bénéficient de régimes spécifiques pour protéger leurs intérêts.

Vont être successivement étudiées, la condition juridique de l'incapacité des mineurs (Chapitre 1), puis la condition juridique de l'incapacité des majeures protégés (chapitre 2).

# CHAPITRE 1

## LA CONDITION JURIDIQUE DE L'INCAPACITÉ DES MINEURS

On appelle « mineur » toute personne qui n'a pas encore atteint l'âge de la majorité civile (18 ans depuis la loi ordinaire L/2008/ 011/AN du 19 août 2008 portant Code de l'enfant).

Au-delà de la considération ''froide'' du mineur en termes d'âge, rendons-nous compte que la protection des mineurs, à travers le régime de sa condition juridique, est synonyme de la question de la protection de l'enfant et, plus largement, de la protection de l'enfance.

En Guinée ce sont les règles des incapacités qui assurent cette protection, associées à quelques règles pénales qui, soit, alourdissent les peines des délits et crimes commis sur des enfants, soit allègent celles qu'encourent ces mêmes enfants auteurs de crimes ou de délits.

Mais la protection de l'enfance trouve un relais international à travers, par exemple, la Convention de New York sur les droits de l'enfant du 26 janvier 1990.

Observons, alors la condition juridique de l'incapacité des mineurs à travers les techniques qui en assurent le régime : l'autorité parentale (S1) et l'incapacité des mineurs (S2). Certains mineurs peuvent échapper à ce régime par le biais de l'émancipation (S1)

## SECTION 1 : L'AUTORITÉ PARENTALE

L'autorité parentale peut se définir comme l'ensemble des droits et parfois des obligations octroyées par la loi aux père et mère de l'enfant pour pourvoir à l'éducation de ce dernier. Autrefois conçu comme un pouvoir du parent sur l'enfant, l'autorité parentale est de plus en plus considérée comme mission à accomplir dans l'intérêt de l'enfant[70]. Elle dure jusqu'à la majorité de l'enfant ou son émancipation.

Nous observerons, alors, les titulaires de l'autorité parentale (P1) et les prérogatives conférées par l'autorité parentale, c'est-à-dire le contenu de cette autorité parentale (P2).

### PARAGRAPHE 1 : LES TITULAIRES DE L'AUTORITÉ PARENTALE

Le Code civil prévoit des règles d'attribution de l'autorité parentale (A) les manières dans lesquelles elle peut faire l'objet de transfert (B) et les causes de la perte de l'autorité parentale (C).

#### A – Les règles d' attribution de l' autorité parentale

En matière d'attribution de l'autorité parentale, il existe un principe commun (1) et des règles spéciales (2).

##### 1 – Le principe commun à l'attribution de l'autorité parentale

L'enfant, à tout âge, doit honneur et respect à ses père et mère. Il reste sous leur autorité jusqu'à sa majorité ou son émancipation (**art 212 du CE**).

L'autorité parentale est une prérogative fondamentale au sein de la famille. Par elle, les parents peuvent conduire la politique familiale dans l'intérêt de l'enfant et le protéger

---

[70] L. Diakité, le concubinage en droit guinéen de la famille, p.118 n°219

dans sa personne et dans ses biens. Longtemps, la direction de la famille était attribuée au seul père avec l'exercice de la puissance paternelle. Avec l'éclosion des droits fondamentaux, cette puissance s'est transformée en autorité au profit des deux parents, quelle que soit la famille existante. Le législateur, dans le respect du principe d'égalité et du principe de liberté a eu, de manière constante, pour souci d'accorder l'exercice de l'autorité parentale de manière conjointe avec les lois ordinaires L/2008/ 011/AN du 19 août 2008, portant Code de l'enfant de la République de Guinée, et L/2019/035/AN du 04 juillet 2019, portant Code civil de la République de Guinée. Il n'existe pas de spécificités dans l'autorité parentale selon que les parents sont mariés ou non. L'autorité parentale est, dès lors, accordée aux parents non mariés.

**2 – Les règles spéciales à l'attribution de l'autorité parentale**

Ce principe de l'exercice en commun de l'autorité parentale connaît des exceptions générales, liées au retrait de l'autorité parentale[71], mais aussi au cas particulier.

C'est le cas dans lequel l'un des parents est décédé : le parent survivant exerce seul l'autorité parentale.

C'est le cas aussi lorsque l'un des parents est hors d'état de manifester sa volonté, en raison de son incapacité, de son absence ou de toute autre cause (prison, voyage, maladie, etc.), il est alors privé de son autorité (**art. 221 du CE**).

C'est le cas d'une désunion, rupture d'un concubinage ou divorce dans lequel l'intérêt de l'enfant justifie que le juge aux affaires familiales retire l'autorité parentale à l'un des parents. Ce sont généralement des hypothèses qui manifestent une grande détresse sociale : alcoolisme, violence, drogue, etc.

---

[71] V. infra

C'est le cas d'un enfant naturel, si l'enfant a été reconnu par un seul de ses parents. L'autorité parentale est alors exercée par celui des père et mère qui l'a reconnu (aux termes de l'article 226 du CE).

## B – Le transfert de l'autorité parentale

Le principe en la matière est posé par l'article 238 du Code de l'enfant : l'autorité parentale ne peut faire l'objet de transaction. Il reste cependant des techniques de transfert soit par délégation (1) soit parce que l'enfant a été confié à un tiers (2).

### 1 – La délégation de l'autorité parentale

Il peut s'agir, d'abord, d'une délégation volontaire prévue par l'article 240 du Code de l'enfant.

La délégation peut être faite à un proche digne de confiance[72], à un établissement spécialisé ou aux services chargés de l'Enfance.

Il peut s'agir d'une délégation involontaire prévue par le dernier alinéa de l'article 240 du Code de l'enfant dans le cas de parents qui se sont désintéressés de leur enfant depuis plus d'un an.

Dans les deux cas, les effets de la délégation consistent en une perte ''une renonciation'' de l'autorité parentale et corrélativement, un transfert de l'autorité parentale au délégataire.

Il ne s'agit cependant que d'un transfert de l'exercice de l'autorité parentale et point de sa jouissance.

Il peut s'agir d'un transfert partiel (droit de garde et de surveillance par exemple) ou total. Dans ce cas, le délégant (les parents) peut bénéficier d'un droit de visite ou d'un droit d'hébergement, accordé par le juge.

---

[72] V. le jugement N°038 rendu par le tribunal de première instance de Kaloum en date 04 mars 2024 portant délégation de l'autorité parentale.

### 2 – L'enfant confié à un tiers

Dans cette hypothèse, les parents conservent l'exercice de l'autorité parentale bien que leur enfant soit confié à un tiers qui peut être un parent ou un établissement spécialisé.

L'article 224 du Code de l'enfant précise que la personne à qui cet enfant est confié accomplit tous les actes usuels relatifs à leur surveillance et à leur éducation de sorte que les parents exercent uniquement les choix importants, mais sont privés de l'éducation au quotidien.

## C - La déchéance de l'autorité parentale

L'autorité parentale est ce qu'on appelle un ''droit fonction'' qui est exercée dans l'intérêt de l'enfant. Lorsqu'elle n'est plus exercée dans cet intérêt, elle peut faire l'objet de déchéance.

### 1 – Les mesures de déchéance

La déchéance de l'autorité parentale peut être prononcée :

Soit par les juridictions répressives à titre de mesure accessoire d'une condamnation pénale (ex. : crime ou délit commis sur la personne de l'enfant par leur père ou mère).

Soit par les juridictions civiles en cas de mise en péril de l'enfant ou de désintérêt manifeste conformément à l'article 224 du Code de l'enfant.

Il peut s'agir de mesures dans le cas notamment de mauvais traitements mettant en danger la santé ou la moralité de l'enfant (ex. : ivrognerie, inconduite notoire).

Est également cause de déchéance la condamnation pour abandon de famille lorsque le condamné n'a pas recommencé à assurer ses obligations pendant au moins 2 mois (art 369 du Code pénal).

En ce qui concerne l'étendue de cette déchéance, elle peut être totale ou seulement partielle. Si un seul des parents est déchu, l'exercice de l'autorité parentale sera dévolu à l'autre.

Si les deux parents sont déchus de l'autorité parentale, il conviendra alors d'ouvrir une tutelle (art 225 du Code de l'enfant).

La déchéance de l'autorité parentale peut être définitive ou seulement provisoire (lorsque le père et la mère déchus recouvrent leurs prérogatives, on dit qu'il y a restitution).

### 2 – L'assistance éducative

Si la santé, la sécurité ou la moralité d'un enfant non émancipé sont en danger, ou si les conditions de son éducation sont gravement compromises, des mesures d'assistance éducative peuvent être ordonnées par la Justice à la requête des père et mère conjointement ou de l'un d'eux, de la personne de l'institution ou du service qui a reçu la garde de l'enfant ou du service chargé de l'enfance, du tuteur, du mineur lui-même ou du ministère public. Le juge compétent peut se saisir d'office à titre exceptionnel. Elles peuvent être ordonnées en même temps pour plusieurs enfants relevant de la même autorité parentale[73].

Des mesures d'assistance éducative peuvent ainsi être prises par un juge, dans le cas de la mise en danger de la santé, de la sécurité ou de la moralité d'un enfant.

Il s'agit de mesures d'assistance de sorte que le juge cherche à obtenir l'adhésion des parents, sans que leur accord soit nécessaire. Il peut s'agir de mesures d'assistance dans le choix de tel ou tel acte, du placement d'un enfant qui sera toujours limité dans le temps.

Les père et mère dont l'enfant a donné lieu à une mesure d'assistance éducative conservent sur lui leur autorité et en exercent toutes les prérogatives.

---

[73] V. art 229 du Code de l'enfant

## Paragraphe 2 : le contenu de l'autorité parentale

La loi attribue aux parents à la fois des droits (A) et des devoirs (B) découlant de l'autorité parentale.

### A – Les droits nés de l'autorité parentale

Certains de ces droits ont un caractère extrapatrimonial (1), d'autres ont un caractère patrimonial (2).

#### 1 – Les droits extrapatrimoniaux nés de l'autorité parentale

Ils se manifestent sous la forme d'un rapport d'autorité : les père et mère ont un devoir de commandement, l'enfant a un devoir d'obéissance[74].

Occasionnellement, les parents auront à donner des autorisations pour les actes les plus importants concernant la personne du mineur (**ex.** : mariage, adoption, émancipation).

De façon permanente, les droits extrapatrimoniaux conférés aux parents par l'autorité parentale sont aujourd'hui le droit de garde, de surveillance et d'éducation, le droit de correction ayant disparu pour faire place à des mesures d'assistance éducative.

Le **droit de garde** : La garde est un droit en vertu duquel le titulaire de la puissance paternelle et maternelle fixe la résidence de l'enfant. Il résulte de l'article 214 du Code de l'enfant que : « *l'enfant ne peut sans permission des père et mère quitter la maison familiale* ». Ce droit de garde permet aux parents d'exiger que leurs enfants habitent auprès d'eux.

De ce droit de garde, la loi tire deux conséquences principales :

---

[74] V. art 212 du Code de l'enfant

Parce qu'il est obligé d'habiter chez ses parents, la loi attribue comme domicile au mineur celui des père et mère ou celui des parents avec lequel il réside[75].

Parce qu'ils exercent le droit de garde, le père et la mère sont solidairement responsables du dommage causé par leurs enfants mineurs habitant avec eux[76].

Le **droit de surveillance** permet aux parents de veiller à tout ce qui touche au comportement de l'enfant, à ses relations, à ses lectures, à sa correspondance, aux programmes télés qu'il regarde. À cet égard, il est significatif de noter que le principe de l'inviolabilité de la correspondance ne s'applique pas aux parents. La seule restriction apportée par la loi à ce droit résulte de l'article 215 du Code de l'enfant aux termes duquel « *ses père et mère ne peuvent, sauf motifs graves, faire obstacle aux relations personnelles de l'enfant avec ses grands-parents.* ». Le juge aux affaires familiales peut accorder un droit de visite ou de correspondance à d'autres personnes, parents ou non.

Le **droit d'éducation s'**intéresse l'éducation de l'enfant dans son sens le plus large : éducation intellectuelle, morale, professionnelle et même religieuse.

**L'obligation d'entretien** se traduit par l'obligation de pourvoir à la nourriture, à l'habillement et aux frais scolaires de l'enfant. Les parents ont l'obligation de nourrir, entretenir et éduquer leurs enfants.

### 2 – Les droits patrimoniaux nés de l'autorité parentale

En contrepartie des charges que l'autorité parentale fait peser sur les parents, ceux-ci se sont vu reconnaître un droit de jouissance légale sur les biens de leur enfant. Échappent à ce droit les biens que l'enfant peut acquérir par son travail

[75] Supra, le domicile du mineur non émancipé P.70

[76] V. La responsabilité des père et mère de Dr Sékou Maouloud KOITA

ou ceux qui lui sont donnés ou légués sous la condition que les père et mère n'en jouiront pas ou encore les biens que l'enfant reçoit au titre de l'indemnisation d'un préjudice extrapatrimonial dont il a été victime. Ce droit de jouissance va s'exercer jusqu'à ce que l'enfant ait 16 ans accomplis ou lorsqu'il contracte mariage (**art 251 CE**).

### B - Les devoirs nés de l'autorité parentale

Ils sont le corollaire des droits que nous venons d'examiner.

De même que les parents ont un droit de garde, de surveillance et d'éducation, ils ont aussi le **devoir de garde, de surveillance et d'éducation**, sous peine de sanctions civiles (déchéance de l'autorité parentale) ou pénales (délit d'abandon de famille), de leurs enfants. C'est donc, plus largement, un devoir de protection de l'enfant qui incombe aux parents, aux titulaires de l'autorité parentale.

Les parents sont tenus également de **l'obligation d'entretien**, c'est-à-dire de l'obligation de nourrir, entretenir et élever leur enfant (**art 252 du CE**).

Cette obligation pèse sur chacun des parents et elle persiste en cas de divorce ou de séparation de corps : celui des parents qui n'exerce pas l'autorité parentale ou chez lequel l'enfant n'a pas sa résidence habituelle doit verser à l'autre une pension alimentaire destinée à l'entretien de l'enfant.

Cette obligation peut se poursuivre au-delà de la minorité lorsque l'enfant poursuit des études supérieures.

## SECTION 2 : L' INCAPACITÉ DES MINEURS

L'incapacité des mineurs, étant une incapacité de protection, a des conséquences sur les mineures (P1) et un régime bien défini par la loi (P2).

## PARAGRAPHE 1 : LES CONSÉQUENCES DE L'INCAPACITÉ DES MINEURS

Les conséquences de l'incapacité des mineurs ont un principe connu (A), qui admet cependant quelques limites (B). La violation des règles qui entourent cette incapacité fait l'objet de sanction (C).

### A - Le principe

Le principe de l'incapacité des mineurs est d'abord un constat : les mineurs sont, en principe, tous frappés d'une incapacité d'exercice générale qui les prive à la fois de la direction de leur personne et de la gestion de leurs biens, sauf s'ils ont été émancipés.

Cette incapacité concerne à la fois les actes juridiques (1), les actions en justice (2) et les faits juridiques (3)

#### 1 – Les actes juridiques

Le mineur est incapable d'accomplir seul les actes de la vie civile. Cela signifie que le mineur ne peut conclure des actes juridiques, c'est-à-dire des actes (des contrats) résultant d'une manifestation de volonté destinée à produire des effets de droit.

#### 2 – Les actions en justice

Le mineur ne peut agir ou défendre en personne qu'assisté de son représentant légal dans toutes les instances. Cela signifie que le mineur non émancipé ne peut intenter une action en justice qu'avec l'aide de son représentant légal qui peut être son père, sa mère ou son tuteur ; en réalité c'est le représentant légal qui peut ester en justice au nom et pour le compte du mineur.

### 3 – Les faits juridiques

Il s'agit d'événements indépendants de la volonté d'une personne, mais susceptibles de produire des effets de droit.

Le mineur est-il responsable d'un fait dont il est l'auteur ?

Le mineur engage son patrimoine par ses délits, ses quasi-délits et son enrichissement sans cause. Il est ainsi admis que le mineur est personnellement responsable de ses faits.

Cette responsabilité peut se combiner avec la responsabilité des parents du mineur sur le fondement de l'article 1140 du Code civil qui dispose : « *Le père et la mère ou le tuteur, en tant qu'ils exercent l'autorité parentale, sont responsables du dommage causé par leurs enfants mineurs habitant avec eux.* »

## B - L'exception

Les exceptions à l'incapacité des mineurs concernent les actes relatifs à la personne du mineur (1) d'une part et aux actes relatifs au patrimoine du mineur (2) d'autre part.

### 1 – Les actes relatifs à la personne du mineur

Les actes qui intéressent personnellement le mineur sont ceux qui concernent son état ou qui engagent sa personne physique, ne peuvent être conclus qu'avec son consentement.

Le mineur peut donc accomplir seul certains actes qui le concernent et qui impliquent une appréciation personnelle. Ces actes excluent la représentation du mineur. Il en est ainsi des actes ci-après exposés.

— Le mariage : le mineur doit personnellement consentir à son mariage.

— L'adoption : le mineur âgé de plus de 15 ans doit personnellement consentir à son adoption[77].

— La reconnaissance d'enfant naturel : le mineur peut reconnaitre tout seul son enfant.

— L'action en recherche de paternité : La mère même mineure peut intenter seule l'action en recherche de paternité[78]. La fille, même si elle est mineure, est ainsi autorisée par la loi à poursuivre devant le tribunal le prétendu père (ou ses héritiers) pour l'amener à reconnaître qu'il est le père de son enfant.

**2 – Les actes relatifs au patrimoine du mineur.**

La validité de ces actes est admise lorsque ceux-ci ne portent pas une atteinte grave au patrimoine du mineur.

— les actes conservatoires : le mineur peut tout seul accomplir des actes conservatoires sur un bien de son patrimoine.

**— Les actes de la vie courante :** Le mineur peut conclure des contrats traduisant des actes de la vie courante lorsqu' il est d'usage qu'un être de son âge traite seul. Il est autorisé à conclure des contrats de menus achats, exemple : acheter des bonbons, du pain ou un livre ; emprunter un taxi pour aller l'école.

**— Le contrat d'apprentissage et le contrat de travail :** À partir de 14 ans un mineur est autorisé à conclure un contrat d'apprentissage[79] et à partir de 16 ans, un contrat de travail[80].

[77] V. art 184 du code de l'enfant
[78] V. art 152 du code de l'enfant
[79] V. art 142.4 du code de travail
[80] V. art 121.4 du code de travail

### C - Les sanctions du non-respect des règles relatives à l'incapacité du mineur

Les sanctions du non-respect des règles relatives à l'incapacité du mineur se situent à deux niveaux ; il y a d'abord la nullité des actes conclus par le mineur (1) et ensuite la rescision pour lésion (2).

#### 1 – La nullité de l'acte conclu par le mineur

Les actes accomplis par le mineur sont nuls de plein droit, s'ils sont de ceux que le représentant légal n'aurait pu faire qu'avec une autorisation.

Il s'agit d'une action en nullité relative qui ne peut être exercée que par la personne intéressée. Pendant la minorité, cette action appartient au représentant légal ; le mineur devenu majeur pourra lui-même exercer cette action à condition qu'elle ne soit pas prescrite. Le délai d'exercice de l'action en nullité est de 5ans. Ce délai commence à courir à partir du jour de la majorité ou de l'émancipation.

Si la nullité est prononcée par le tribunal, elle aura pour effet, l'anéantissement rétroactif de l'acte conclu entre le mineur et son cocontractant. Chacune des parties est alors tenue de restituer à l'autre la prestation qu'elle a reçue ; exemple : le vendeur restitue le prix de la marchandise à l'acheteur ; l'acheteur restitue au vendeur le bien acheté.

Toutefois, le législateur apporte une limite à l'obligation de restitution qui pèse sur le mineur ; car selon l'article 1087 du Code civil, le mineur est tenu à restitution que dans la mesure de son enrichissement. C'est-à-dire, le mineur ne peut restituer que ce qu'il a encore en sa possession.

#### 2 – La rescision pour lésion

La rescision pour lésion est l'annulation du contrat fondée sur un déséquilibre flagrant entre la prestation reçue par le mineur et celle acquise à son cocontractant. L'acte accompli par le mineur est rescindable en sa faveur, pour cause de lésion, quelle qu'en soit la nature de l'acte[81].

### PARAGRAPHE 2 : LE RÉGIME DE L'INCAPACITÉ DES MINEURS

Le mineur étant frappé d'une incapacité générale d'exercice n'est pas susceptible d'assurer la gestion de son patrimoine qu'il n'est capable d'assurer la direction de sa personne. La loi a prévu deux régimes différents de gestion de ses biens à savoir : l'administration légale (A) et la tutelle des mineurs (B).

#### A - L'administration légale des biens du mineur

L'administration légale est un mécanisme de protection qui vise à gérer et à protéger les biens d'un mineur. Elle a un régime bien défini (1) et un mode fonctionnement déterminé par la loi (2).

##### 1 – Le régime d'administration légale

L'administration légale emporte pour celui des parents qui exerce l'autorité parentale, le pouvoir d'administration sur les biens de ses enfants mineurs.

L'administration légale suppose donc que le mineur dispose de biens personnels. La loi prévoit deux hypothèses : l'administration légale pure et simple (a) et l'administration légale sous contrôle judiciaire (b).

##### a – L'administration légale pure et simple

L'administration légale pure et simple est le régime normal de gestion des biens des enfants mineurs. Elle est

[81] V. art 1251 du Code civil

exercée conjointement par les père et mère qui exercent en commun l'autorité parentale[82].

Dans ce cadre, chacun des parents peut gérer les biens de l'enfant sans nécessiter l'autorisation de l'autre, sauf pour certains actes graves, comme la vente d'un bien immobilier, qui nécessite l'accord des deux parents ou du juge des tutelles en cas de désaccord entre les parents.

### b – L'administration légale sous contrôle judiciaire

L'administration légale sous le contrôle judiciaire est le second régime de l'administration légale des biens du mineur, dans lequel les pouvoirs des administrateurs légaux sont plus encadrés et surveillés par un juge. Ce régime est utilisé dans des situations où une supervision plus étroite est jugée nécessaire pour protéger les intérêts du mineur.

Ce régime s'applique lorsque l'un des parents est décédé, exerce seul l'autorité parentale, déchu de l'autorité parentale, absent ou lorsque le juge estime que la gestion des biens du mineur nécessite une surveillance particulière pour éviter tout risque de mésusage (Le juge du divorce peut dissocier l'administration des biens de l'enfant et l'autorité parentale si l'intérêt d'une bonne administration de ce patrimoine l'exige ou lorsque l'intérêt de l'enfant est opposé à celui des parents[83]).

## 2 – Le fonctionnement de l'administration légale

Pour mieux cerner le fonctionnement de l'administration légale, trois (3) questions se posent : qui est l'administrateur légal (a) ? Quels sont ses pouvoirs (b) ? Comment prend fin l'administration légale (c) ?

---

[82] V. art 513 du Code civil

[83] V. art 258 du code de l'enfant

**a – L'administrateur légal**

Le principe est que l'administration légale sur les biens du mineur est conférée aux parents qui exercent l'autorité parentale. La loi insère ainsi une cohérence dans la direction de mineur : les mêmes personnes ; les deux parents en principe éduquent le mineur et gèrent ses biens.

Avant la réforme de 2019, seul le père était titulaire de l'administration légale[84], dans un souci de simplification de la gestion des biens du mineur. La réforme de 2019 a heureusement bilatéralisé l'administration légale : les deux parents l'exercent ensemble.

Ainsi, dans l'administration légale pure et simple, le père et la mère sont les administrateurs légaux[85]. Tandis que dans l'administration légale sous contrôle judiciaire, l'administrateur légal est celui des parents qui exerce seul l'autorité parentale.

**b – Les pouvoirs de l'administrateur légal**

Les pouvoirs de gestions de l'administrateur légal s'exercent sur tous les biens du mineur y compris son salaire.

Mais certains biens en sont expressément exclus par loi. Il s'agit des biens donnés ou légués au mineur sous la condition qu'ils seront administrés par un tiers, des biens échus au mineur par succession dans le cas où les parents auront été écartés de cette succession pour cause d'indignité encourue de plein droit et des biens échus au mineur par succession, dans le cas où les parents auront été écartés de cette succession pour, lorsque cette indignité, judiciairement prononcée, n'était pas encourue de plein droit ; ici c'est la décision du juge qui dépouille les parents de l'administration légale des biens du mineur. Ces biens

[84] V. art 400 de l'ancien Code civil guinéen

[85] V. art 256 du code de l'enfant

sont gérés par un administrateur spécial (had-hoc) désigné par le juge des tutelles.

L'administrateur légal doit gérer le patrimoine du mineur en « bon père de famille ». La sanction est la responsabilité des administrateurs légaux.

La distinction entre l'administration légale pure et simple et l'administration légale sous contrôle judiciaire apparaît si l'on considère la nature des actes en cause, actes d'administration, actes de disposition, actes conservatoires. Le régime est cependant plus compliqué qu'une simple dissociation entre les actes.

D'abord, lorsqu'il s'agit des actes conservatoires, le principe est celui de la liberté d'administration dans les deux régimes d'administration légale. Les parents peuvent faire seuls ces actes sans autorisation de l'autre ou du juge des tutelles.

**Exemple** : l'exercice d'une action en justice de nature patrimoniale, conclusion d'un contrat de bail de faible durée, recevoir les paiements pour le compte du mineur….

Ensuite, quand il s'agit des actes de disposition ordinaire, il faut l'accord des deux parents, à défaut, l'autorisation du juge des tutelles est nécessaire.

**Exemple** : l'exercice d'une action en justice de nature extrapatrimoniale, conclusion de bail à longue durée, d'actes de disposition sur des valeurs mobilières…

Enfin, concernant les actes de disposition graves, l'autorisation du juge des tutelles est nécessaire à peine de nullité. Il s'agit des actes qui sont susceptibles de nuire aux intérêts de l'enfant nécessitant ainsi l'autorisation du juge des tutelles.

Exemple : la vente d'un bien immobilier, la cession du fonds de commerce, emprunt au nom de l'enfant…

Il faut préciser que dans tous les cas, l'administrateur légal ne peut pas donner un bien appartenant à l'enfant.

### c – La fin de l'administration légale

L'administration légale prend fin à la survenance de la majorité de l'enfant ou de son émancipation. Elle peut également prend fin par le décès des deux parents, par l'incapacité des deux parents ou par le retrait de l'autorité parentale des deux parents.

Dans ces hypothèses, elle se transforme en tutelle.

## B – La tutelle des mineurs

Aux termes de l'article 255 du code de l'enfant, la tutelle est le mandat donné à quelqu'un pour veiller sur la personne et les biens d'un enfant mineur. C'est un régime de protection de l'enfant. C'est un mode de représentation du mineur. La loi détermine les cas d'ouverture de la tutelle (1), les organes de la tutelle (2) et la manière par laquelle elle prend fin (3).

### 1 – Les cas d'ouverture de la tutelle

La tutelle pour les mineurs non émancipés s'ouvre dans l'un des cas suivants prévus par la loi.

- La tutelle s'ouvre en cas de décès des père et mère, ou lorsqu'ils sont hors d'état de manifester leur volonté pour raison d'incapacité, d'absence, d'éloignement ou de toute autre cause.
- Elle s'ouvre également lorsque les deux parents sont tous deux déchus de l'autorité parentale.
- Elle s'ouvre lorsque le survivant est déchu des droits de l'autorité parentale.
- Elle s'ouvre lorsque les parents ont été tous deux condamnés pour abandon de famille dans le cas où la victime de cet abandon est l'un de leurs enfants, et ce, même si la déchéance de l'autorité parentale n'a pas été prononcée.
- Enfin la tutelle s'ouvre lorsque la filiation de l'enfant n'est pas établie à l'égard de ses parents.

### 2 – Les organes de la tutelle

Traditionnellement, la tutelle est constituée de quatre (4) organes à savoir : le tuteur (a), le subrogé (b), le conseil de famille (c) et le juge des tutelles (d).

#### a – Le tuteur

Le tuteur est la personne chargée légalement de veiller sur un incapable, de gérer ses biens et de le représenter dans les actes juridiques. Il peut être une personne physique ou morale.

##### a.1 – Les modes de désignation d'un tuteur

La qualité de tuteur est reconnue à toute personne sans distinction de sexe ou de nationalité.

Ne peuvent être investies de la charge tutélaire, les personnes frappées d'incapacité, c'est-à-dire les mineurs et majeurs protégés.

Il existe plusieurs modes de désignation du tuteur et, par là même, plusieurs sortes de tutelles.

— Le **tuteur testamentaire** est la personne qui a été désignée dans un testament ou par acte notarié, par le survivant des père et mère ou l'unique mourant (en cas d'enfant naturel ou adoptif) s'il avait conservé au jour de sa mort l'exercice de l'administration légale ou de la tutelle. Le testateur est absolument libre de son choix.

— Le **tuteur légal** désigné par la loi est l'ascendant le plus proche en degré : la tutelle lui est dévolue s'il n'y a pas de tuteur testamentaire. En cas de concours entre plusieurs ascendants du même degré, c'est le conseil de famille qui choisit le tuteur parmi eux.

— Le **tuteur datif** : à défaut de tuteur testamentaire ou de tuteur légal, c'est le conseil de famille qui désigne le tuteur. Il peut s'agir d'une personne de la famille ou d'une personne étrangère. La tutelle sera une "tutelle dative".

— La tutelle peut, enfin, **être déférée à l'État** quand personne n'a voulu accepter les fonctions de tuteur ou n'a pu y être contraint, car les fonctions de tuteur n'ont, en effet, un caractère obligatoire que pour les membres de la famille ; les étrangers peuvent refuser cette charge.

#### a.2 – Les prérogatives du tuteur

L'article 552 alinéa 1 du Code civil prévoit que « le tuteur prend soin de la personne du mineur et le représente dans tous les actes civils, sauf les cas dans lesquels la loi ou l'usage autorise les mineurs à agir eux-mêmes. »

Au regard de cette disposition, le tuteur a le droit et le devoir de garde, de surveillance et d'éducation du mineur. Le tuteur, contrairement aux parents, n'est pas totalement libre dans le choix des orientations données à l'enfant. Il doit en principe respecter les orientations choisies par les parents avant l'ouverture de la tutelle ou, à défaut, suivre les directives générales édictées par le conseil de famille.

Le tuteur n'a pas le droit de jouissance légale sur les biens du mineur, ce droit expire avec l'autorité parentale. Il n'a pas non plus le devoir d'entretien et ceci est normal. Il n'est tenu de faire face aux besoins de l'enfant qu'au moyen des biens personnels du mineur. Chaque année, il lui sera alloué une certaine somme fixée par le conseil de famille pour faire face aux dépenses d'entretien et d'éducation de l'enfant[86]. Faute de pareilles ressources, le tuteur pourra se décharger de l'entretien de l'enfant en le confiant à des organismes de bienfaisance ou aux services de l'aide sociale. Dans ce cas, la tutelle familiale sera souvent transformée en tutelle administrative.

À l'image d'un administrateur légal, la loi énumère les actes que le tuteur peut faire seul, ensuite ceux qui sont

---

[86] V. art 556 du Code civil

subordonnés à l'autorisation du conseil de famille et enfin ceux qui lui sont interdits.

Le tuteur peut prendre seul, sans une autorisation préalable du conseil de famille, des actes conservatoires et les actes d'administration (l'entretien et la réparation d'un bien, recevoir les paiements pour le compte du mineur, la vente d'un bien ayant le caractère de fruits…). Il peut également seul, sous bénéfice d'inventaire, accepter une succession échue au mineur. Il en va également des dons et des legs particuliers advenus au mineur.

Sont soumises à une autorisation du conseil de famille, tous les actes de disposition, les emprunts pour le mineur, les hypothèques… la vente des immeubles et fonds de commerce appartenant à un mineur se fait publiquement aux enchères et en présence du subrogé tuteur.

Il est interdit au tuteur d'acheter les biens du mineur, les prendre à loyer ou à ferme. Il ne peut également pas accepter une cession d'aucun droit ou de créance contre le mineur.

Dans tous les cas où l'autorisation du conseil de famille est requise pour la validité d'un acte du tuteur, celle-ci peut être suppléée par celle du juge des tutelles. Le juge des tutelles peut également, à la requête du tuteur, prendre la place du conseil de famille pour autoriser une vente de valeurs mobilières appartenant au mineur[87].

#### a.3 – Les comptes de la tutelle et la responsabilité du tueur

Tout tuteur est comptable de sa gestion. Dès avant la fin de la tutelle, le tuteur est tenu de remettre chaque année au subrogé tuteur un compte de sa gestion. Ce dernier transmet le compte, avec ses observations, au chef de greffe du tribunal compétent, lequel peut lui demander toutes

[87] V. art 565 du Code civil

informations y relatives. En cas de difficulté, le chef de greffe en réfère au juge des tutelles qui peut convoquer le conseil de famille, sans préjudice de la faculté pour le juge d'obtenir la communication du compte et de le contrôler à tout moment.

À la fin de la tutelle, le conseil de famille convoque le tuteur qui arrête, en présence de tous, les comptes de sa gestion et reçoit le quitus de toutes dépenses suffisamment justifiées et dont l'objet aura été utile.

Le compte définitif est rendu, soit au mineur lui-même, devenu majeur ou émancipé, soit à ses héritiers. La charge en incombe aux pupilles.

Si le tuteur vient à cesser ses fonctions avant la fin de la tutelle, il rend un compte récapitulatif de sa gestion au nouveau tuteur, qui ne peut l'accepter qu'avec l'autorisation du conseil de famille, sur les observations du subrogé tuteur.

Toute convention qui pourrait intervenir entre le tuteur et le mineur devenu majeur est nulle si elle n'a pas été précédée de la reddition des comptes. Si le compte donne lieu à des contestations, elles sont poursuivies et jugées comme les autres contestations en matière civile[88].

La somme à laquelle s'élève le reliquat dû par le tuteur porte intérêt de plein droit, à compter de la date d'approbation du compte et, au plus tard, 3 mois après la cessation de la tutelle. Les intérêts de ce qui est dû au tuteur par le mineur ne courront que du jour de la sommation de payer qui aura suivi l'approbation du compte.

Toute action du mineur contre le tuteur, les organes tutélaires ou l'État, relativement aux faits de la tutelle, se prescrit par 5 ans à compter de la majorité, alors même qu'il y aurait eu émancipation[89].

---

[88] V. art 569 du Code civil

[89] V. art 571 du Code civil

De façon générale, le tuteur est tenu d'administrer les biens du mineur en bon père de famille ; en conséquence, il répond des dommages qui pourraient résulter d'une mauvaise gestion.

### b – Le subrogé-tuteur

Le subrogé tuteur est l'organe de contrôle des mesures de la tutelle. Il est un membre du conseil de famille nommé et choisi par lui. Il est chargé de surveiller la gestion du tutélaire et de représenter l'enfant lorsque les intérêts de celui-ci sont en opposition avec ceux du tuteur (c'est le cas par exemple, en cas de règlement d'une succession, et que le tuteur est le frère de la personne du mineur. Le tuteur ne peut pas être juge et partie).

S'il constate des fautes dans la gestion du tuteur, il doit, à peine d'engager sa responsabilité personnelle, en informer immédiatement le conseil de famille et, au besoin, le juge des tutelles[90].

### c – Le conseil de famille

Le conseil de famille est une assemblée de quelques personnes qui a pour but de prendre des décisions concernant une personne de leur famille reconnue comme n'étant pas apte à les prendre seule. C'est un organe collégial composé de 6 membres non compris le juge des tutelles, choisis par le juge des tutelles parmi les plus proches parents et à égalité dans les deux lignes maternelle et paternelle. Ces parents, s'il y a lieu, peuvent être remplacés par des amis ou voisins[91].

Le conseil de famille est convoqué à la diligence des parents du mineur, de ses créanciers ou d'autres parties intéressées. Cette convocation doit être faite 8 jours au

---

[90] V. art 535 du Code civil
[91] V. art 529 du Code civil

moins avant la date de la réunion. Le conseil de famille ne peut délibérer que si la moitié au moins de ses membres sont présents ou représentés. À défaut, la séance est ajournée. En cas d'urgence, le juge peut lui-même prendre la décision.

Il est présidé par le juge des tutelles, qui a voix prépondérante en cas de partage des voix. Les séances du conseil de famille ne sont pas publiques. La délibération du conseil est motivée. Toutes les fois que la décision du conseil de famille n'est pas prise à l'unanimité, l'avis de chacun des membres est mentionné dans le procès-verbal. Ce procès-verbal est soumis au juge des tutelles pour homologation, s'il y a lieu[92].

Ces prérogatives diminuent d'autant celles du tuteur. Il appartient au conseil de famille : de déterminer chaque année le budget de la tutelle ; de fixer les grandes orientations concernant le mineur, sur le plan tant professionnel que moral ou religieux.

Il appartient en outre au conseil de famille : de surveiller le tuteur et au besoin de le destituer, s'il ne respecte pas les directives qui lui sont données ; de prendre les décisions les plus graves concernant la personne de l'enfant : adoption, émancipation, mariage, nationalité...

**d – Le juge des tutelles**

Le juge des tutelles est un magistrat de l'ordre judiciaire chargé d'ordonner l'ouverture des procédures de sauvegarde de justice, de curatelle et des tutelles.

Les fonctions de juge des tutelles sont exercées par les juges du tribunal pour enfants dans la zone spéciale de Conakry et/ou des juges désignés par voie d'ordonnance du président du tribunal de première instance dans le ressort duquel le mineur a son domicile.

---

[92] V. art 532 du Code civil

Le juge des tutelles exerce une surveillance générale sur les administrations légales et les tutelles de son ressort. Il peut convoquer les administrateurs légaux, tuteurs et autres organes tutélaires, leur réclamer des éclaircissements, leur adresser des observations, prononcer contre eux des injonctions.

Les audiences du juge des tutelles ne sont pas publiques. Les expéditions de ses décisions ne peuvent, sauf autorisation du président du tribunal, être délivrées qu'aux parties et aux personnes investies d'une charge tutélaire. La décision du juge est notifiée, à la diligence de celui-ci, dans les 3 jours, au requérant, au tuteur, à l'administrateur légal et à tous ceux dont elle modifie les droits ou les charges s'ils ne sont pas présents.

### 3 – La fin de la tutelle

La tutelle prend dans des conditions similaires à l'administration légale, notamment à la survenance de la majorité ou de l'émancipation du mineur et au décès du mineur.

Le décès du tuteur, quant à lui, ne met pas fin à la tutelle ; il y a changement de tuteur. Il en va de même lorsque le tuteur est frappé d'une incapacité.

L'incapacité des mineurs vise à les protéger en limitant leur capacité d'agir juridiquement. Certains mineurs peuvent recouvrer leur capacité d'agir du fait de leur maturité juridique par le biais de l'émancipation.

## SECTION 3 : L'ÉMANCIPATION

L'émancipation consiste à reconnaitre à un mineur les droits d'un majeur avant l'âge légal. Le Code de l'enfant consacre sept (7) articles à l'émancipation sans pour autant la définir.

Elle est définie par le lexique de termes juridiques comme étant un acte juridique par lequel un mineur acquiert la pleine capacité d'exercice et se trouve de ce fait assimilé à un majeur[93].

La loi prévoit les conditions d'émancipation par différents moyens (P1) et les effets qui peuvent en découler (P2).

### PARAGRAPHE 1 : LES MOYENS D' ÉTABLISSEMENT DE L'ÉMANCIPATION

L'article 307 du code de l'enfant prévoit deux moyens permettant d'établir l'émancipation. Il y a l'émancipation par le mariage (A) et l'émancipation obtenue suite à une déclaration devant le juge des tutelles (B). La lecture de certaines dispositions éparpillées dans le Code civil et le code de l'enfant permet d'envisager un troisième moyen d'émancipation : l'émancipation par la procréation (C).

#### A – L'émancipation par le mariage

L'émancipation par le mariage signifie que, lorsqu'un mineur se marie, il devient juridiquement autonome et acquiert certains droits d'adulte.

L'émancipation par le mariage est une forme d'émancipation d'office, la voie principale permettant à un mineur d'être émancipé. L'article 307 du code de l'enfant en son alinéa 1 prévoit que « *Le mineur est émancipé de plein droit par le mariage.* ». C'est-à-dire, une fois marié, le mineur devient automatiquement émancipé sans aucune procédure particulière.

Le mineur qui se marie n'a besoin de personne, encore moins tenu de faire une déclaration devant le juge des tutelles pour être émancipé.

---

[93] Le lexique des termes juridiques, 21eme édition Dalloz

### B - L'émancipation par décision de justice

Le mineur ne peut faire l'objet d'une émancipation que s'il a atteint l'âge de 16 ans révolus. L'émancipation s'opère par une déclaration conjointe des parents ou de l'un d'eux si l'autre est dans l'impossibilité physique ou légale de manifester sa volonté. Cette déclaration est reçue par le juge des tutelles.

En cas de désaccord entre les parents, le juge des tutelles recueille le consentement du mineur et prononce l'émancipation, si celle-ci satisfait aux intérêts du mineur et s'il y a de justes motifs.

Dans tous les autres cas où le mineur n'est pas placé sous tutelle, le juge des tutelles peut prononcer l'émancipation s'il y a de justes motifs, et ce, à la requête du conseil de famille[94].

En cas de tutelle, le mineur peut être émancipé si le conseil de famille l'estime opportun eu égard à la personnalité et à l'intérêt du mineur. Le conseil de famille peut, à cette fin, être saisi à la demande du tuteur, d'un de ses membres si le tuteur n'a accompli aucune diligence, ou du mineur lui-même[95].

### C - L'émancipation par la procréation

L'idée d'émancipation par la procréation des mineurs est complexe et touche à des aspects à la fois juridiques, sociaux et éthiques. Cela fait référence aux conséquences légales et aux droits qui peuvent être accordés aux mineurs lorsqu'ils deviennent parents sans être mariés.

Lorsque le mineur devient parent, la loi lui accorde des droits ou des responsabilités supplémentaires en raison de sa nouvelle fonction de parent, comme celui de décider des

---

[94] L'article 309 du code de l'enfant prévoit que lorsque le mineur n'a ni père ni mère, il peut être émancipé à la demande du conseil de famille

[95] V. art 310 du code de l'enfant

soins médicaux pour son enfant, d'obtenir des prestations sociales en tant que parent ou de résider séparément de ses parents.

Du fait de la procréation, le mineur lui-même devient parent et de ce fait, titulaire de l'autorité parentale. Il peut agir en action en rechercher de paternité[96], reconnaitre un enfant naturel, conclut des contrats d'assurances pour son enfant, etc.

### Paragraphe 2 : les effets de l'émancipation

À l'instar du majeur, le mineur émancipé peut en principe accomplir tous les actes de la vie civile. Il n'a plus besoin d'assistance ni d'un représentant agissant en son nom et pour son compte. L'émancipation va ainsi produire ses effets sur la personne du mineur lui-même et sur ses biens.

L'émancipation met fin à l'exercice de l'autorité parentale. Devenu émancipé, le mineur n'a plus besoin de protection[97]. Le mineur émancipé peut avoir un domicile différent de celui de ses parents.

Ses parents ne sont plus responsables de plein droit, en leur seule qualité de père ou de mère, du dommage qu'il peut causer à autrui postérieurement à son émancipation. Il devient responsable de lui-même et assume les conséquences de ses actes.

Toutefois, bien qu'étant émancipé, le mineur a nécessairement besoin du consentement de ses parents pour se marier ou se donner en adoption[98].

Le mineur émancipé ayant la pleine capacité peut agir dans plusieurs domaines :

— **Signer des contrats** : un mineur émancipé peut conclure des contrats civils (par exemple, louer un

---

[96] V. art 413 du Code civil

[97] A. Yapo, le droit des personnes et de la famille, p.105

[98] V. art 313 du code de l'enfant

appartement, conclure un contrat de travail) sans avoir besoin de l'assistance ou le consentement de ses père et mère ou d'un tuteur.

— **Disposer de ses biens** : le mineur émancipé peut gérer ses finances, ouvrir un compte bancaire, percevoir des revenus et administrer ses biens sans l'autorisation parentale. Cela inclut également la possibilité de disposer de son patrimoine (vendre, acheter, tester ou encore donner).

— **Intenter une action en justice** : il peut engager ou défendre des actions en justice sans l'assistance d'un représentant.

Après avoir examiné la condition juridique de l'incapacité des mineurs, il convient de se tourner vers la protection des majeurs, qui bien qu'étant émancipé par leur âge, peuvent aussi être soumis à des mesures spécifiques visant à les protéger en raison certaines causes déterminées par la loi.

# CHAPITRE 2

## La condition juridique de l'incapacité des majeurs

En principe, la personnalité juridique confère la capacité juridique : toute personne a la capacité juridique. Toutefois, dans un souci de protection, la capacité de certaines personnes va être aménagée, on parle alors d'incapables, ou de personnes protégées. Les incapables peuvent être des mineurs[99], mais aussi des majeurs protégés. L'incapacité peut porter sur la jouissance ou sur l'exercice[100].

À la différence des mineurs, le principe est ici la pleine capacité et, l'exception réside dans l'incapacité. Toute personne âgée de 18 ans est en principe capable : la majorité est fixée à 18 ans accomplis, à cet âge, on est capable de tous les actes de la vie civile [101] . Avant la loi ordinaire L/2008/ 011/AN du 19 août 2008 portant Code de l'enfant, l'âge de la majorité était fixé à 21 ans par le Code civil de 1983[102].

La protection des majeurs incapables s'organise autour de deux pôles : la protection de la personne de l'incapable (S1) et la protection du patrimoine de l'incapable (S2).

---

[99] Supra

[100] Supra

[101] V. art 578 du Code civil

[102] V. art 399 du code civil de 1983

## SECTION 1 : LA PROTECTION DE LA PERSONNE DE L'INCAPABLE

La notion des majeurs protégés se résume à deux (2) idées : l'incapable est faible. Il faut donc le protéger du groupe social. Mais, d'autre part, l'incapable est malade : il faut le soigner et essayer de l'insérer dans le groupe social.

Par ailleurs, l'incapable peut être dangereux : il faut protéger la société contre les déments. La loi prévoyait à cet effet, la possibilité du « placement » de l'incapable dans un centre psychiatrique. Ce placement peut être volontaire à la demande d'un parent ou d'un ami, voire s'effectuer d'office sur ordre de l'administration publique en cas de trouble à l'ordre public ou d'atteinte à la sûreté des personnes.

Pour qu'une personne majeure soit alors considérée comme incapable, il y a un certain nombre de faits énumérés par la loi qui en sont les causes (P1), et lorsque ces faits sont avérés, cela aura un effet sur la responsabilité de cette personne (P2).

### PARAGRAPHE 1 : LES CAUSES DE PROTECTION DES MAJEURS

Le Code civil prévoit les causes, l'exception au principe de la pleine capacité, à travers les dispositions de l'article 578 et suivants.

Il ressort de ces articles une série de causes qu'on appelle les cas d'ouverture des régimes de protection des majeurs incapables. Ce sont : l'altération des facultés personnelles (A), la prodigalité, intempérance et oisiveté (B).

#### A – L'altération des facultés personnelles

L'altération des facultés personnelles prévue à l'alinéa 2 de l'article 578 du Code civil fait référence à une diminution ou une dégradation des capacités mentales ou physiques d'une personne. Il s'agit donc d'un handicap qui met la personne concernée dans l'impossibilité de pourvoir seul à ses intérêts.

Il peut s'agir d'une altération des facultés mentales (1) ou corporelles (2).

### 1 – L'altération des facultés mentales

L'altération des facultés mentales désigne une détérioration des capacités cognitives ou psychologiques d'une personne. La loi prévoit trois (3) cas : la maladie, l'infirmité et l'affaiblissement dû à l'âge. Pour les deux premiers cas, le législateur a voulu donner au texte un champ d'application très large. Il s'est abstenu volontairement d'identifier les maladies à l'aide d'étiquettes médicales, mais il est clair que la question est ici celle du handicap mental. L'article 582 al. 3 exige en effet que « *l'altération des facultés mentale ou corporelle doit être médicalement établie.* », précision fondamentale dans la détermination des troubles mentaux. Le dernier cas vise les vieillards qui sont dans l'impossibilité de s'occuper de leurs affaires.

D'une façon générale on peut citer, comme personne dont la faculté mentale est altérée : les fous furieux, les fous paisibles, les idiots du village, les dépressifs et les faibles d'esprit, les drogués pharmacodépendants, les alcooliques, les handicapés, les victimes d'accidents graves, les vieillards.

### 2 – L'altération des facultés corporelles

L'altération des facultés corporelles fait référence à une diminution ou une perte de certaines capacités physiques ou fonctionnelles d'une personne. Contrairement aux personnes dont les facultés mentales sont altérées, il s'agit ici d'une personne lucide et saine d'esprit, mais qui se trouve dans l'incapacité d'exprimer sa volonté [103], de communiquer avec l'extérieur, comme ce serait le cas d'une personne paralysée ne pouvant ni parler ni écrire, et globalement des personnes atteintes d'un handicap sensoriel.

### B – La prodigalité, l'intempérance et l'oisiveté

Le dernier alinéa de l'article 578 du Code civil prévoit que peut être protégé le majeur qui, par sa prodigalité (1), son intempérance (2) ou son oisiveté (3), s'expose à tomber dans le besoin ou compromet l'exécution de ses obligations familiales.

#### 1 – La prodigalité

La prodigalité se manifeste par un comportement caractérisé par une tendance excessive à dépenser ou à dilapider ses ressources financières, souvent de manière irréfléchie et sans tenir compte des conséquences à long terme. Un prodigue est une personne qui met en danger son patrimoine ou celui de sa famille en raison de ses dépenses inconsidérées, de son manque de gestion financière ou de son endettement croissant et de son addiction aux jeux de hasard.

#### 2 – L'intempérance

L'intempérance désigne un manque de modération ou de retenue dans divers aspects de la vie. À la différence de la prodigalité, le législateur fait référence à l'excès dans la consommation des substances psychotropes notamment de l'alcool.

---

[103] V. al2 de l'article 582 du Code civil

### 3 – L'oisiveté

En droit des personnes incapables, l'oisive est une personne incapable de gérer ses affaires en raison de son inactivité prolongée ou de son incapacité à s'occuper de ses affaires personnelles de manière adéquate jusqu'à tomber dans le besoin ou compromettre l'exécution de ses obligations familiales.

## PARAGRAPHE 2 : LA RESPONSABILITÉ DES MAJEURS PROTÉGÉS

Comme évoqué ci-dessus, les personnes majeures incapables bénéficient d'une atténuation de responsabilité. Mais, cette atténuation de responsabilité n'est pas applicable à toutes personnes majeures incapables. Il s'agit de ceux qui souffrent d'une altération de leurs facultés mentales. Ces personnes, dans la vie quotidienne, peuvent être impliquées dans la conclusion d'actes juridiques (A), soit dans la commission d'un fait juridique (B) causant un dommage à autrui.

### A - Les actes juridiques

La validité des actes juridiques, entre autres, d'un testament rédigé, d'un contrat de vente ou de tout autre acte juridique, est subordonnée à l'existence de quatre conditions classiques : la capacité, le consentement, l'objet, la cause.

Pour conclure un contrat, il faut être saint d'esprit[104], être lucide et jouir de toutes ses facultés. Or, l'aliéné n'est pas saint d'esprit ; son consentement n'est pas lucide ; on peut même dire qu'il y a ici absence de consentement.

En conséquence, peut être prononcée, la nullité de l'acte conclu par l'aliéné ; à condition, bien entendu que la preuve

---

[104] V. art 579 du Code civil

de l'aliénation mentale soit rapportée à l'aide d'expertises médicales[105]. Il faut donc faire la preuve de l'existence du trouble mental au moment de la conclusion de l'acte.

Du vivant de l'intéressé, l'action en nullité ne peut être intentée que par celui-ci, et elle se prescrit par 5 ans. Après son décès en revanche, les actes à titre gratuit peuvent être annulés (donations entre vifs ou testament), mais les actes à titre onéreux ne peuvent être attaqués que dans trois situations précises, par ses héritiers : si l'acte porte en lui-même la preuve d'un trouble mental, si l'intéressé était placé sous sauvegarde de justice ou si une action aux fins de placer la personne sous curatelle ou sous tutelle avait été engagée[106].

## B – Les faits juridiques

La loi prévoit deux (2) types de responsabilités des aliénés mentaux : la responsabilité civile (1) et la responsabilité pénale (2).

### 1 – La responsabilité civile

Le principe est celui de l'irresponsabilité civile de l'aliéné par application des règles du droit commun de la responsabilité civile ; car il ne peut y avoir de faute imputable à un individu qui n'est pas saint d'esprit, à l'exception de la faute commise par l'aliéné en période de lucidité.

À défaut de retenir la responsabilité de l'incapable majeur, il faut y substituer la responsabilité civile de la personne en charge de l'aliéné, celle-ci est responsable de

[105] V. le dernier alinéa de l'article 582 du Code civil
[106] V. art 580 du Code civil

plein droit des dommages causés à autrui par les faits de l'aliéné[107].

### 2 – La responsabilité pénale

Contrairement aux mineurs qui peuvent être pénalement responsables à partir de 13 ans, le Code pénal prévoit la démence parmi les cas d'impunité ; autrement dit, un fou qui commet une infraction (vole, viole ou meurtre) ne peut être poursuivi devant un tribunal ; il ne peut donc être condamné à une peine d'emprisonnement. C'est ce sens qui ressort de l'article 21 du Code pénal qu'il n'y a ni crime ni délit, lorsque le prévenu est en état de démence au moment de l'action.

## SECTION 2 : LA PROTECTION DU PATRIMOINE DE L'INCAPABLE

Pour la protection du patrimoine des majeurs incapables, la loi prévoit trois (3) régimes de protection. Il y a d'abord un régime provisoire et intermédiaire qui est le placement sous sauvegarde de justice (P1), ensuite un régime de représentation, la tutelle (P2) et enfin, un régime d'assistance, la curatelle (P3). Ces régimes de protection des majeurs incapables ont été institués suivant la gravité de l'altération des facultés mentales.

### PARAGRAPHE 1 : LE PLACEMENT SOUS SAUVEGARDE DE JUSTICE

La sauvegarde de justice est une mesure de protection juridique temporaire destinée à protéger les personnes qui, en raison de leurs facultés mentales ou physiques, ne peuvent plus gérer leurs affaires elles-mêmes.

---

[107] L'article 1147 du Code civil prévoit que le tuteur et le curateur sont responsables du dommage causé par le majeur dont les facultés mentales sont altérées.

Peut être placé sous sauvegarde de justice le majeur qui, pour l'une des causes de protection citées ci-haut, a besoin d'être protégé dans les actes de la vie civile. Ce placement sous sauvegarde de justice obéit à une procédure stricte (A), il produit des effets (B) et il prend fin à la mise en place d'un autre régime plus contraignant (C).

### A – La procédure de placement sous sauvegarde de justice

Peut être placé sous sauvegarde de justice le majeur qui, pour l'une des causes de protection des majeurs incapables citées ci-haut, a besoin d'être protégé dans les actes de la vie civile.

Le placement sous sauvegarde de justice est une décision que le juge des tutelles peut prendre lorsqu'il est saisi d'une demande de mise sous tutelle ou curatelle. La requête aux fins de mise sous tutelle ou curatelle est faite par la personne qu'il y a lieu de protéger, par son conjoint si elle est mariée et non séparée de corps, par ses ascendants, par ses frères et sœurs ou par le ministère public.

Lorsque le juge des tutelles est saisi par une requête de mise sous tutelle ou curatelle peut, en attendant sa décision, décider de placer la personne sous sauvegarde de justice. C'est en cela que le placement sous sauvegarde de justice est considéré comme une provisoire.

### B – Les effets du placement sous sauvegarde de justice

La personne placée sous sauvegarde de justice conserve l'exercice de ses droits, il fait donc seul tous les actes de la vie civile.

La protection de ces actes est cependant organisée *a posteriori* : tous les actes réalisés par l'incapable peuvent être rescindés pour cause de lésion ou réduits pour cause d'excès. La rescision est le nom spécifique donné à l'annulation d'un acte pour cause de lésion, laquelle caractérise un déséquilibre entre les obligations des deux parties lors de la conclusion du contrat.

La protection est plus poussée que celle de l'aliéné qui n'est placé sous aucun régime d'incapacité parce qu'il n'y a pas à faire la preuve de l'altération des facultés mentales au moment de l'acte, cette preuve est présumée.

Cependant, l'acte de l'incapable sous sauvegarde de justice n'est jamais nul de plein droit, le juge des tutelles prendra en considération, la fortune de la personne protégée, la bonne ou mauvaise foi de ceux qui auront traité avec elle, l'utilité ou l'inutilité de l'opération[108].

La personne sous sauvegarde de justice a aussi la possibilité, soit avant, soit après l'ouverture du régime désigner un mandataire chargé de l'administration de ses biens. L'exercice de ce mandat est placé sous la surveillance du juge des tutelles. Les opérations réalisées par le mandataire échappent à la fragilité des actes accomplis par les incapables (rescision ou réduction).

Si l'incapable ne désigne pas de mandataire, les proches de l'incapable ont le devoir de faire des actes juridiques pour préserver le patrimoine de l'incapable. Dans cas, les actes réalisés sans mandat répondent du régime de la gestion d'affaires. À défaut le juge des tutelles pourra nommer un mandataire spécial.

### C - La fin du placement sous sauvegarde de justice

La sauvegarde de justice est une mesure temporaire, provisoire. Elle prend fin de deux façons.

— La sauvegarde de justice prend fin par une nouvelle déclaration attestant que la situation antérieure a cessé.

— Elle cesse également par l'ouverture d'une tutelle ou d'une curatelle à partir du jour où prend effet le nouveau régime de protection.

---

[108] V. art 585 alinéa 3 du Code civil

Lorsque l'altération des facultés mentales ou corporelles est plus profonde, on ne peut se contenter de protections qui n'interviennent qu'*a posteriori* (comme c'est le cas pour la sauvegarde de justice).

Il faut organiser de façon durable la gestion du patrimoine de l'incapable. Deux régimes sont prévus à cet effet : la curatelle et la tutelle.

### PARAGRAPHE 2 : LA TUTELLE

La tutelle est une institution permettant de protéger, par la représentation, certains majeurs dont les facultés mentales sont gravement altérées.

Il sera question ici de la procédure d'établissement de la tutelle (A), les effets de la mise sous tutelle (B) et la fin de la tutelle des majeurs (C).

#### A - De la procédure d'établissement de la tutelle des majeurs

La tutelle s'ouvre lorsque les facultés mentales ou physiques d'une personne majeure sont si gravement altérées qu'elle a besoin d'être représentée d'une manière continue dans les actes de la vie courante. L'article 590 du Code civil énumère limitativement les personnes qui peuvent demander l'ouverture de la tutelle. Il s'agit de la personne qu'il y a lieu de protéger, de son conjoint, à moins que la communauté de vie n'ait cessé entre eux, de ses ascendants, de ses frères et sœurs, du curateur ainsi que du ministère public. Elle peut aussi être ouverte d'office par le juge.

Cette demande se fait par requête et le juge ne peut prononcer l'ouverture d'une tutelle que si l'altération des facultés mentales ou corporelles du malade a été constatée par un médecin spécialiste.

La tutelle peut être ouverte pour un mineur émancipé comme pour un majeur lorsqu'altération de ses facultés mentales intervienne après son émancipation.

### B - Les effets de la mise sous tutelle des majeurs

Une fois que de la tutelle s'ouvre, la loi organise son déroulement à travers la mise en place de ses organes (1) ainsi la détermination des pouvoirs du représentant de l'incapable et les actes que l'incapable peut faire seul (2).

#### 1 – Les organes de la tutelle des majeurs incapables

L'article 593 du Code civil prévoit que les règles applicables à la tutelle des mineurs relative à l'organisation, au fonctionnement, aux comptes et responsabilités de la tutelle sont aussi applicables à la tutelle des majeurs.

Nous avons alors comme organes de la tutelle des majeurs : le tuteur, le subrogé tuteur, le conseil de famille et le juge des tutelles.

Ces différents organes jouent les mêmes rôles qui leur sont dévolus dans la tutelle des mineurs.

#### 2 – Les pouvoirs du représentant de l'incapable

Le représentant de l'incapable dans la tutelle est le tuteur. Ce tuteur peut être une personne physique ou morale.

L'article 594 prévoit que l'époux est tuteur de son conjoint, à moins que la communauté de vie n'ait cessé entre eux ou que le juge n'estime qu'une autre cause interdit de lui confier la tutelle. Si la personne mise sous tutelle n'est pas mariée, le tuteur est nommé soit par testament, soit par le conseil de famille ou soit par le juge.

Le tuteur ainsi désigné représentera l'incapable dans tous les actes de la vie civile. Ses pouvoirs sont élargis lorsqu'il s'agit des actes relatifs au patrimoine de l'incapable et restreints quand il s'agit des actes relatifs à la personne de l'incapable elle-même.

En ce qui concerne les actes relatifs au patrimoine de l'incapable. Il faut savoir que tout comme dans la tutelle des mineurs, le tuteur peut faire seul les actes d'administration et de gestion courante. Il ne peut faire les actes de disposition qu'avec l'autorisation du conseil de famille, à défaut celle du juge des tutelles.

Concernant les actes relatifs à la personne de l'incapable, ils se rapportent au mariage de l'incapable, au divorce de la personne sous tutelle et au testament fait par l'incapable.

— **Le mariage** d'un majeur en tutelle, est subordonné au consentement de ses père et mère, et, à défaut, à celui du conseil de famille.

À ce niveau, il faut préciser que le majeur en tutelle peut se marier dans un intervalle lucide. Mais si sa volonté personnelle est nécessaire, elle n'est pas suffisante. Il faut toujours le consentement de ses père et mère, et à défaut, de celui du conseil de famille.

— **L'action en divorce** est une action attitrée. C'est-à-dire que seuls les époux ont la qualité pour demander le divorce. Par exception, la demande de divorce d'une personne sous tutelle est faite par son tuteur avec l'autorisation du conseil de famille.

— **Le testament** fait après l'ouverture de la tutelle est nul. Le testament antérieurement fait reste valable, à moins qu'il ne soit établi que, depuis l'ouverture de la tutelle, la cause qui avait déterminé le testateur à disposer a disparu.

Le tuteur ne peut ni seul, ni avec l'autorisation du conseil famille tester pour la personne mise sous sa tutelle.

### C - La fin de la tutelle des majeurs

La tutelle des majeurs cesse avec les mêmes causes qui ont nécessité sa mise en place. Elle peut survenir dans cas suivant :

— Amélioration de l'état de santé : si le majeur retrouve ses facultés, la tutelle peut être levée.

— Décision de justice : le juge des tutelles peut mettre fin à la tutelle si elle est disproportionnée ou si elle n'est plus dans l'intérêt de la personne protégée. Cela peut intervenir à la demande du tuteur, d'un proche ou de toute autre personne intéressée, y compris le majeur protégé.

— Décès : la tutelle prend automatiquement fin en cas de décès de la personne protégée.

— Transformation en une autre mesure : Si la situation du majeur protégé évolue, mais qu'il a toujours besoin d'être protégée ; la tutelle peut être remplacée par une autre mesure moins contraignante comme la curatelle.

### PARAGRAPHE 3 : LA CURATELLE

La curatelle est une autre mesure de protection des majeurs incapables qui intervient lorsque les facultés mentales de la personne concernée ne sont pas si gravement altérées. Elle ne concerne que les personnes qu'on qualifie de faibles d'esprit, des personnes dont les facultés mentales sont affaiblies sans être hors d'état d'agir lui-même ; des prodigues, des intempérantes et des oisives.

Pour l'ouverture d'une curatelle, ce sont les mêmes règles prévues pour la tutelle qui s'appliquent [109]. Contrairement à la tutelle, il n'y a dans la curatelle qu'un seul organe : le curateur. L'article 603 du Code civil prévoit que l'époux est curateur de son conjoint à moins que la communauté de vie n'ait cessé entre eux ou que le juge n'en décide autrement. Si la personne n'est pas mariée, le curateur est nommé par le juge des tutelles.

La curatelle est moins contraignante que la tutelle. Si dans la tutelle, la personne est représentée dans tous les actes de la vie civile ; elle n'est qu'assistée dans la curatelle.

Le majeur en curatelle peut faire tout seul, les actes d'administration et de gestion, sans l'assistance de son

---

[109] V. art 602 du Code civil

curateur. Il peut également tester sans l'assistance de son curateur. Pour les actes de disposition (vente, donation…), il ne peut les faire qu'avec l'assistance de son curateur. Il ne peut non plus, sans cette assistance, recevoir des capitaux ni en faire emploi.

Pour le mariage du majeur en curatelle, le consentement du curateur est requis ; à défaut, celui du juge des tutelles[110]. Si le curateur refuse son assistance à un acte, le majeur en curatelle peut demander au juge des tutelles une autorisation supplétive.

Dans les cas où l'assistance du curateur n'est pas requise par la loi, les actes que le majeur en curatelle a pu faire seul restent néanmoins sujets aux actions en rescision ou en réduction prévues pour les personnes sous sauvegarde de justice.

Le juge des tutelles, en nommant le curateur, peut ordonner que celui-ci reçoive seul les revenus de la personne en curatelle, assurera lui-même, à l'égard des tiers, le règlement des dépenses et versera l'excédent, s'il y a lieu, dans un compte spécial ouvert à cet effet. Le curateur rend compte de sa gestion au juge des tutelles.

[110] V. art 610 du Code civil

# CONCLUSION

Le Droit civil est considéré comme le droit de la civilisation, comme un droit qui génère des droits pour l'Homme. C'est un droit qui évolue avec la société. Ce qui explique aujourd'hui l'éclosion de plusieurs branches en son sein, notamment le droit des personnes et de la famille, le droit des obligations, le droit des biens, le droit des régimes matrimoniaux…

Ce présent manuel explore en profondeur les régimes juridiques relatifs aux personnes et aux incapacités.

Il débute par une *première partie* qui fait l'analyse détaillée de la personnalité juridique, différenciant les personnes physiques des personnes morales tout en examinant les conditions nécessaires pour qu'un individu ou une entité acquière la personnalité juridique, ainsi que les situations dans lesquelles celle-ci peut être perdue.

Il détaille ensuite les éléments essentiels pour identification des personnes, tels que le nom, le domicile, l'état civil, et la nationalité, en expliquant leur importance dans la reconnaissance des droits et obligations des individus.

Il traite également les droits de la personnalité, en mettant l'accent sur le droit au respect de la vie privée, le droit à l'image, et le droit à l'intégrité physique et morale ainsi que les protections juridiques contre les atteintes à ces droits, notamment dans un contexte de plus en plus numérique.

La *seconde partie*, consacrée aux incapacités, nous a permis essentiellement de présenter et définir d'abord la notion d'incapacité avant de voir les différents régimes de protection des personnes incapables.

Ces mécanismes de protection visent à équilibrer deux impératifs fondamentaux : protéger les personnes vulnérables (les mineurs et majeurs protégés) tout en respectant au maximum leur autonomie. Il est indispensable de concilier la protection de ces personnes vulnérables avec le respect de leur dignité et de leur autonomie, ce qui constitue, au-delà des textes juridiques, un véritable défi éthique.

À l'avenir, il semble crucial de faire des réformes dans ce sens, notamment en matière de simplification des procédures et de personnalisation des mesures de protection. Le législateur doit également se montrer vigilant face aux défis posés par les nouvelles technologies, qui, bien qu'elles offrent des opportunités inédites d'autonomie pour les personnes en situation d'incapacité, posent également des risques de nouvelles formes de vulnérabilité.

Enfin, ce manuel offre une vue d'ensemble claire et complète des principaux concepts liés aux personnes et aux incapacités en Droit civil, en fournissant un cadre essentiel pour les étudiants et les praticiens du droit. Il est essentiel pour quiconque souhaitant comprendre les principes fondamentaux du droit des personnes et leur application dans la société moderne.

# BIBLIOGRAPHIE


## I. OUVRAGES GÉNÉRAUX

1. André Yapo, Droit civil : les personnes et la famille
2. Daniel Mainguy, Droit civil : les personnes, la famille, volume 1 les personnes physiques, édition 2010
3. Annick Batteur, Droit des personnes et de la famille 2e édition L.G.D.J 2003
4. Patrick Courbe, Droit de la famille, 2e édition Dalloz 2001
5. Thierry Garé, Droit des personnes et de la famille, 2e édition Montchrestien 2000
6. Patrick Courbe, Droit civil : les personnes, la famille et les incapacités 4e édition Dalloz 2003
7. Corinne Renault-Brahinsky, Droit des personnes et de la famille, 10e édition, Lextenso édition 2011-2012
8. Corinne Renault-Brahinsky, l'essentiel du droit de la famille, 16 édition, les carrés 2021-2022
9. Sekou Maouloud Koita, la responsabilté des père et mère en Droit guinéen, Harmattan Guinée 2016
10. Laye Diakité, le concubinage en Droit guinéen de la famille, Harmatan Guinée 2023

## II- LES TEXTES DE LOIS

1. La charte de la transition guinéenne
2. Le Code civil de 2019
3. La loi 020 portant état civil de la République de Guinée
4. Le Code civil de 1983
5. Le Code pénal de 2016

6. Le Code de procédure civile, économique et administrative

7. Le Code de l'enfant de 2008

8. Le Code de l'enfant de 2019

9. La loi portant la protection de la propriété littéraire et artistique

10. La loi relative aux associations à but non lucratif et apolitique

11. Le Code du travail

12. La loi sur les sociétés d'économie mixte en Guinée

13. L'acte uniforme relatif au droit des sociétés commerciales et du groupement d'intérêt économique

14. L'acte uniforme portant sur le droit commercial général

15. L'acte uniforme portant organisation des sûretés

16. La convention des nations unies sur les droits des enfants de 1989

# TABLE DES MATIÈRES

## Structures éditoriales du groupe L'Harmattan

**L'Harmattan Italie**
Via degli Artisti, 15
10124 Torino
harmattan.italia@gmail.com

**L'Harmattan Hongrie**
Kossuth l. u. 14-16.
1053 Budapest
harmattan@harmattan.hu

---

**L'Harmattan Sénégal**
10 VDN SICAP AMITIE 3
BP 45034 Dakar-Fann
direction@senharmattan.com

**L'Harmattan Cameroun**
Tsinga/Derrière polyclinique FECAFOOT
BP 11486 Yaoundé
Jacques.koukam@harmattan.fr

**L'Harmattan Burkina Faso**
Villa 281, secteur 23 623, rue 14.32
Ouagadougou
zagbie@outlook.fr

**L'Harmattan Guinée**
Almamya, rue KA 028 OKB Agency
BP 3470 Conakry
harmattanguinee@yahoo.fr

**L'Harmattan RDC**
185, avenue Nyangwe
Commune de Lingwala – Kinshasa
matangilamusadila@yahoo.fr

**L'Harmattan Congo**
219, avenue Nelson Mandela
BP 2874 Brazzaville
deunovmikhael@gmail.com

**L'Harmattan Mali**
Immeuble Mgr Jean Marie Cissé
Aci Hamadallaye
BP 145 Bamako
syllaka@yahoo.fr

**L'Harmattan Togo**
Djidjole – Maison Amela
face EPP BATOME
02 BP 20680 Lomé
didieramela11@gmail.com

**L'Harmattan Côte d'Ivoire**
Résidence Karl – Cité des Arts
Abidjan-Cocody
03 BP 1588 Abidjan
harmattan.ivoire@gmail.com

**L'Harmattan Bénin**
Rue 604, (Immeuble à l'entrée
de la rue UCAO- Cite de Saint-Jean)
Cotonou
stepcorpus@gmail.com

---

## Nos librairies en France

**Librairie internationale**
16, rue des Écoles
75005 Paris
librairie.internationale@harmattan.fr
01 40 46 79 11
www.librairieharmattan.com

**Librairie des savoirs**
21, rue des Écoles
75005 Paris
librairie.sh@harmattan.fr
01 46 34 13 71
www.librairieharmattansh.com

www.ingramcontent.com/pod-product-compliance
Lightning Source LLC
LaVergne TN
LVHW010946061026
849535LV00007B/2598
*9782336509419*